我們為什麼要讀書？為什麼要工作？

なぜ僕らは働くのか-君が幸せになるために考えてほしい大切なこと

為了得到幸福，希望你能好好思考這些事

池上彰——監修
佳奈——漫畫
モドロカ——插畫
賴惠鈴——譯

為自己選一本改變人生的書

自從「過勞死」成為重大的問題，越來越多人開始反思「工作」是怎麼一回事，例如「勞動方式改革」或「工作與生活的平衡」等議題，關於「工作」的新聞議題與日俱增。

本書的用意在於希望國、高中生都能積極思考未來的工作模式。看完這本書，不難發現光是要出版一本書，就需要許多人的分工合作。我們的編輯團隊在製作本書的同時，也不經意的回憶起自己小時候的往事，回憶起不知道將來要從事什麼工作，內心充滿希望及不安的孩提時代。

「別擔心，完全不需要感到不安。只要先了解這個世界的建構原理，再深思熟慮，經歷過各式各樣的體驗後，一定能找到適合自己的工作。」我一邊這樣告訴以前的自己，一邊完成了這本書。

本書雖然是寫給國、高中生以及大學生看的，**但是即使畢業後開始踏入職場，肯定也有人對自己的工作有所不滿、不安**。我希望這些**大人們也能來看這本書，相信你們肯定能重拾初衷，產生對工作的企圖心**。

實不相瞞，小學五年級的時候，級任老師曾經問我：「你將來想做什麼工作？」我當時答不出來，因為我對工作還沒有任何想法。

然而，小學六年級的某一天，我在書店看到與報社記者工作有關的記實書，從此決定了自己人生的方向。那本書描寫在鄉下工作的報社記者奮鬥的故事，當時幾乎還沒有電視新聞，當然也沒有網路新聞，提到新聞，就只能看報紙。記者們奔赴大型命案現場，比警察先找到命案凶手，勸對方自首的工作實況看得我血脈賁張。

然而我升上國中之後，卻轉而崇拜起氣象預報員的工作。當時氣象預報員的資格尚未受到認可，如果想從事播報氣象的工作，就只有成為氣象廳的職員一途。不過，當我得知要成為氣象廳的預報員，必須先考上氣象大學這種自然組的學校後，看到數學或物理就頭痛的我，只能死了這條心。

當我考上大學，電視新聞已經極為普及，所以我選擇以電視台的記者為職業。後來還因為調職，成為小學時代內心嚮往的地方記者。當我調到東京，居然主跑氣象廳，在氣象廳進行颱風的實況報導，以略有不同的方式實現了小時候的夢想。

一本書可以決定人的一生。

我們由衷的期盼，這本書能成為各位生命中，最特別的那本書。

二〇二〇年一月

媒體工作者　池上彰

目錄

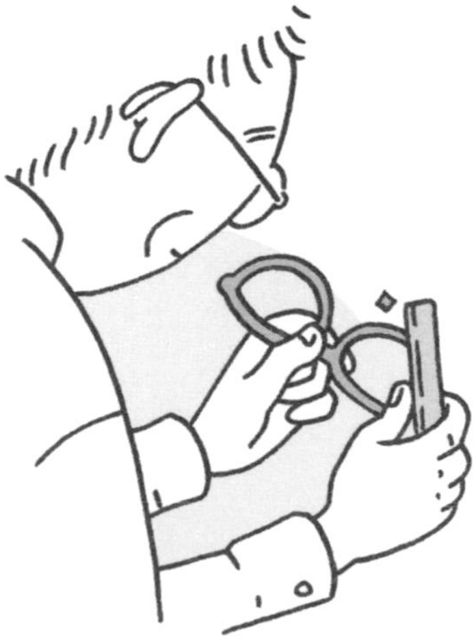

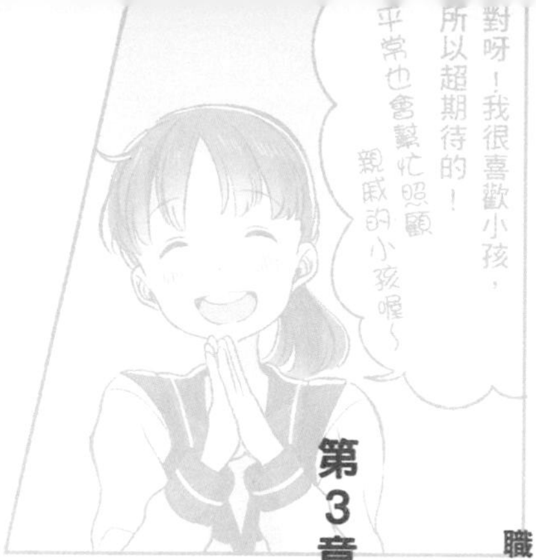
對呀！我很喜歡小孩，所以超期待的！
平常也會幫忙照顧親戚的小孩喔～

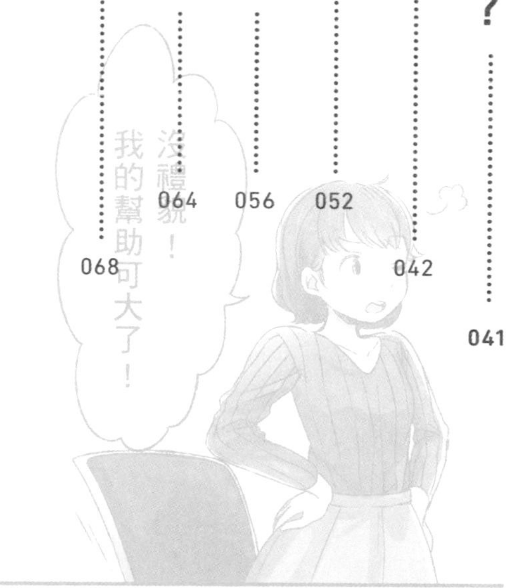
沒禮貌！
我的幫助可大了！

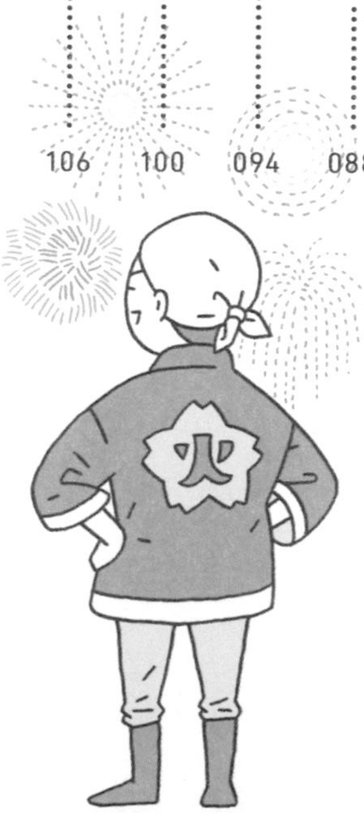

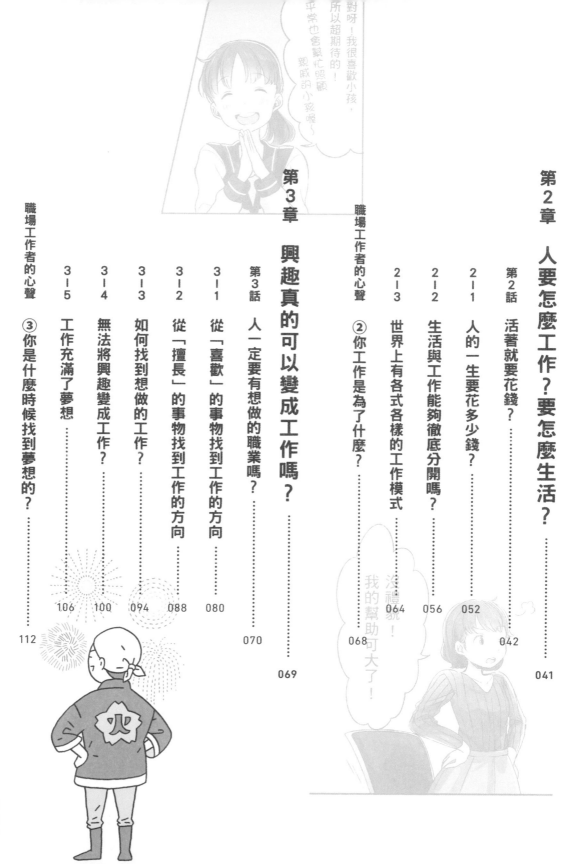

倒也不是真的想彈得有多厲害，不過，只要稍微會一點點，就很值得高興了不是嗎？

我進這家公司工作已經一年了，
以前在別家公司上班。
早安～！
你總是這麼有精神呢。

我來囉！好香啊～

隼人，你不喜歡這裡的生活嗎？

漫畫登場人物介紹

吉田隼人

中學二年級，考上東京的升學名校，但後來拒絕上學。下學期搬到母親的娘家廣島。因為看到一本書，開始思考什麼是工作，重新尋找自己的方向。

大野優

隼人的阿姨。原本在東京工作，現在回老家當自由接案的設計師。隼人從小就當優是大自己很多歲的姊姊，非常仰慕她。

吉田奈津

隼人的媽媽。原本在東京的英語會話教室擔任主管，後來在廣島針對中小學生開設的補習班當老師。非常重視家人，工作也很認真。

吉田航太

隼人的爸爸。在人力仲介公司上班。因為工作的關係，無法一起搬去廣島，一個人留在東京。經常利用工作空檔去廣島看他們。

大野和子

隼人的外婆。一手帶大兩個女兒後，靠年金過日子。對新的事物充滿好奇，樂於接受挑戰，目前熱衷於俳句及登山健行。

城崎茜

隼人的兒時玩伴。也是他在學校的朋友。個性活潑開朗，是班上的風雲人物。

五郎

外婆養的貓。

澤田先生

學文館書店廣島西店的店長。

第 1 章

工作是什麼？

第1話
內心深處對未來的不安

鈴
按掉！
伸懶腰……
哈～啊～
根本睡不飽啊……
喵～
早啊，五郎！
大口咬下…
搬來廣島已經過了一個月，生活差不多都習慣了，
和東京比起來沒那麼多好玩的，但是生活步調很悠閒是個好地方。

我們家有我和爸爸、媽媽，是住在東京的三人小家庭。
我小學的成績還不錯，所以在爸媽的鼓勵下參加升學中學的考試。
小學五年級才開始準備考試的我，雖然比其他同學晚一點。
但還是順利的考上了私立中學。
入學式
還以為我的人生從此就要變得光鮮亮麗，沒想到……
上了國中才發現同學全都非常優秀，我深深地感受到自己的學業比不上大家……
順位
二年級上學期開始，心裡雖然想去上學，身體卻很抗拒，根本動不了。從此變成拒絕上學的人。

爸爸和媽媽
討論之後決定，
讓我在下學期時，
搬去媽媽位於廣島的娘家，
同時也轉學到廣島市內的
公立中學。
爸爸因為工作走不開，
就一個人留在東京了。
媽媽也辭掉原本在開設
英語會話教室的公司工作，
要陪我一起搬到廣島生活。
因為我的關係，
改變全家人的生活環境，
讓我感到非常自責……
並帶著這種心情
來到廣島。

我在這裡和媽媽、外婆、還有小優阿姨一起生活。
那我出門囉。
路上小心。
看起來很有精神嘛！
只有看起來啦。
總覺得……他的笑容比以前少了。
當初是不是不應該讓他去考試呢……

事情已經發生了，再後悔也沒用。
輕拍
而且他現在不也乖乖的去新學校上課嗎？
說的也是呢。有媽媽在，小優也在，下定決心搬來這裡或許是正確的決定。
對了，妳今天要做什麼？
我今天開始要在這裡的補習班上班，下午就得出門了。
不需要這麼急著找工作嘛。
不工作的生活太單調無趣啦！
早安～

噹—
噹—
今天要決定11月中要去哪個職場體驗。
職場體
10月2日
各組自行討論，決定好要去哪裡之後提出來，如果跟別組重複的話再抽籤。
職場體驗啊……沒什麼特別想去的地方耶……
小學的時候好像是去賣菜的地方實習。
根本想像不出自己工作的樣子……人們為什麼要工作呢？

……同學
……田同學……
吉田同學！
啊，抱歉！
嚇到
發呆被發現了……
你想去哪裡職場體驗？
目前我們組的意見是托兒所兩票、書店兩票，
只差你還沒投票……
職
月
西托兒所
學文館書店
朝日超市
廣田工務
去哪裡都無所謂，
不過托兒所好像很搶手，
要是抽籤輸給其他組就麻煩了，
選書店比較好嗎……
盯著看

我選書店。
沒問題！那我們這組就決定是書店了。
10月2日
職場體驗
西托兒所 B班
學文館書店
好的，黑板上是各組想去的工作場所和抽籤的結果。
距離職場體驗還有一個半月，請確實做好事前準備喔。
太棒了！
城崎是……B組的成員要去托兒所實習啊！

當天晚上
職場體驗啊，很好玩的樣子！
哪有啊！
小優阿姨是媽媽的妹妹。
她從事書本美術設計的工作，二十歲的時候在東京的設計師事務所忙得死去活來。
三十歲的時候自己創業，並且回到廣島的老家。
你去問一下老師，可不可以也讓我參加？
想也知道不可以吧！
總是對著電腦工作，一副得心應手的樣子。

等你長大以後，就會知道職場體驗有多好玩了。
我從小就和小優阿姨很談得來，就連不敢告訴爸爸媽媽的事，也能找小優阿姨商量。
嗶—
不過，我認為國中就能體驗工作是一件好事喔！畢竟你遲早都會長大成人，終究都要進入職場工作。
我覺得工作離我還很遠，不太能想像那麼遙遠的未來。
嗶—
既然如此……
咚咚

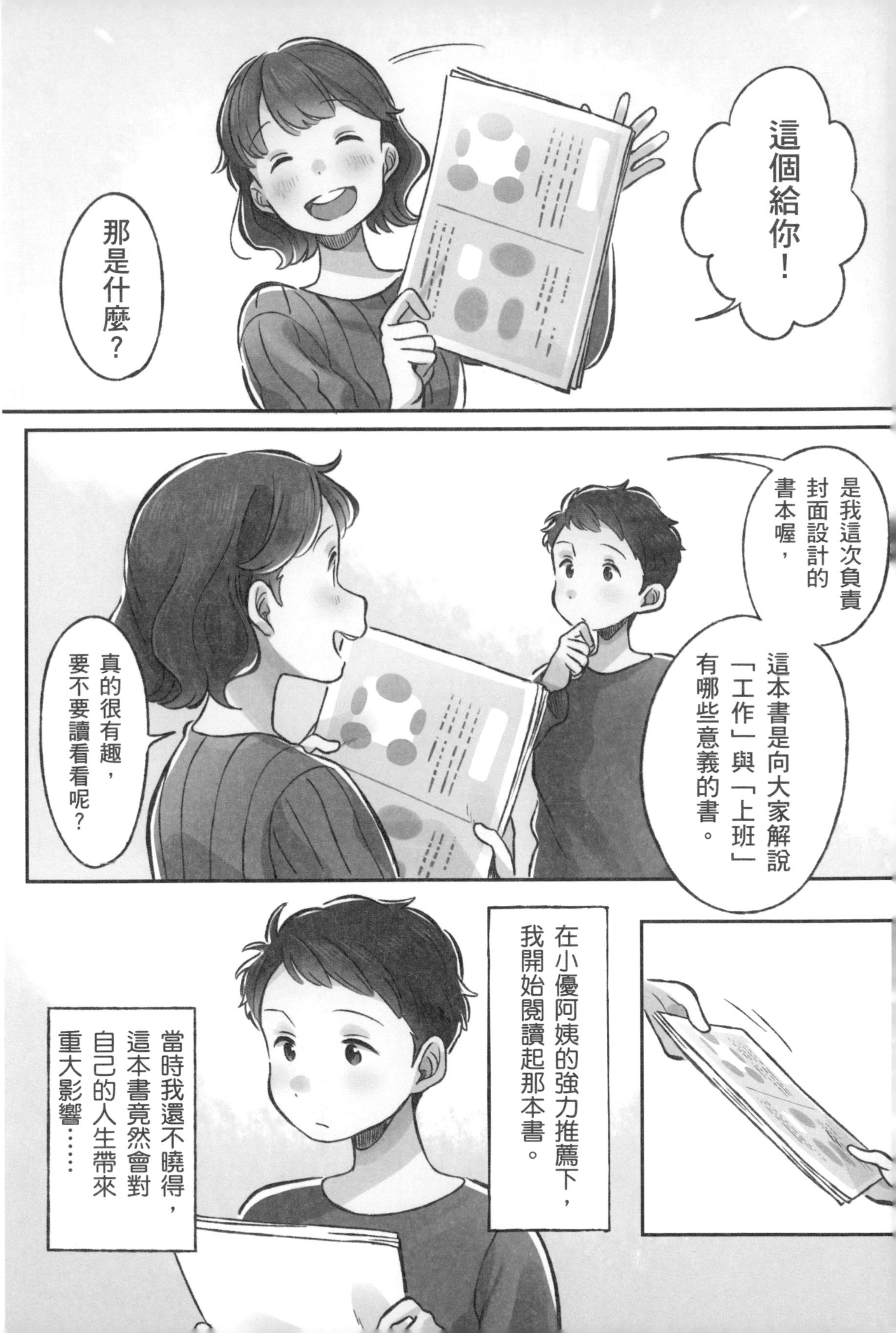
這個給你！
那是什麼？
是我這次負責封面設計的書本喔，
這本書是向大家解說「工作」與「上班」有哪些意義的書。
真的很有趣，要不要讀看看呢？
在小優阿姨的強力推薦下，我開始閱讀起那本書。
當時我還不曉得，這本書竟然會對自己的人生帶來重大影響……

1-1 工作是為了幫助別人

我們的生活所需全部都是「受惠於他人工作」

人類要互助合作才能活下去。聽到這句話，有人可能以為是「幫助有困難的人」這種大道理，其實不是。這句話的意思是，**我們的生活一定會與別人產生交集，彼此互相幫助。**

舉例來說，想像一下自己住的房子，很少人會自己蓋房子吧。「自己蓋房子」是指自己從買材料開始，靠自己的力量把建材組裝起來、施工，蓋起一間完整的房子。還有，不妨也思考一下平常吃的食

想做什麼或缺少什麼的時候，可以藉助別人工作的成果，來協助我們過日子。

物，也許有人會自己做飯，但是所有的食材都由自己栽種、自己收割的人應該少之又少。為什麼我們不會蓋房子，還能住在房子裡？為什麼我們不會種菜，還有東西吃？那是因為有些人的工作就是蓋房子、有些人的工作就是種菜。

或許原始時代的人從蓋房子到種菜、捕捉獵物都必須自己動手，可是我們誕生在現代社會，不需要什麼事都靠自己。

想做什麼或缺少什麼的時候，**可以靠別人「工作」的成果來協助我們完成自己辦不到的事、沒有時間或體力做的事。**我們現代人的生活就是建立在透過彼此的工作，來互相幫忙的人際網絡上。

觀察我們的社會，會發現「工作就是為了幫助別人」。

・學校的老師會教我們學習各式各樣的事情。有很多教育是父母無法提供的，正因如此，才有了教師這份工作。

工作其實是為了「幫助別人」

前一頁以蓋房子的工作和製作食材的工作為例，提到人們現在能夠便利的生活著，都是因為受到他人工作的幫助。除了「食」、「住」以外，我們每一個人的生活各方面，其實都需要別人工作來支持。

例如想去隔壁鎮時，或許走路也能到，但如果搭公車或捷運就不會讓自己身體疲勞，還能更快抵達目的地。而我們之所以有公車或捷運可搭，是因為有公車及捷運公司營運，有些人的工作就是駕駛公車或捷運。

・美髮師幫我們把頭髮打理得很漂亮。頭髮會持續生長，所以美髮師這份工作才得以成立。

餅乾公司

・餅乾公司是製造、販賣餅乾的公司。因為有人想吃餅乾，餅乾工廠的人才有工作。

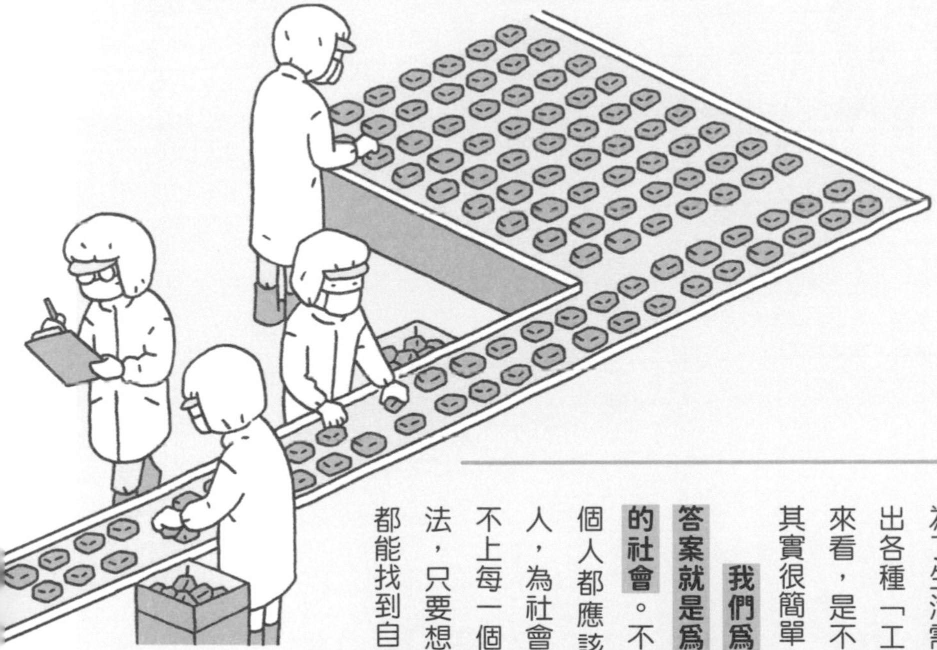

或者頭髮太長時，就算不剪，身體也不會不舒服或造成病痛，但是剪個漂漂亮亮的髮型，心情也會比較開朗、清爽。所以美髮師的工作能讓我們的心情變得愉悅。

從琳瑯滿目的工作有什麼共通點的角度來看世界的話，不難明白**「每一種工作都對人有幫助」**、**「大家需要的事物，爲社會帶來工作機會」**。我們無法獨自活下去，為了生活需要各種協助，從而製造出各種「工作」機會。從這個角度來看，是不是覺得這個世界的構造其實很簡單？

我們爲什麼要工作？其中一個答案就是爲了要融入這個互助合作的社會。不只是接受別人幫助，每個人都應該盡自己力量去幫助別人，為社會貢獻。不必抱持「我幫不上每一個人的忙……」的不安想法，只要想清楚自己將來，任何人都能找到自己的容身之處。

不容易看出「對社會有貢獻」的工作

上一頁提到所有的工作都對人類有幫助、對社會有貢獻，至於「能提供什麼幫助」則依不同的工作而異。

像是生病的時候，我們會去醫院讓醫生檢查、請藥劑師開藥。由此可知，醫生及藥劑師的工作對治病有幫助。那麼在電視上看到的演藝人員的工作又怎麼說呢？他們妙語如珠的讓觀眾開懷大笑，以精湛的演技讓觀眾臉紅心跳，看到他們的表演，我們會忘記日常生活中的煩惱，感到輕鬆。由此可知，他們的工作是為觀眾帶來喜悅與感動。

以上這些例子比較容易看出他們如何對社會做出貢獻的工作，可是在另一方面，也有很多工作不太容易看出有貢獻。一般上班族的工作就是這樣，成天對著電腦，不然就是開會，乍看之下不太容易看出他們的工作有什麼幫助。

如果是這種工作的話，可以把公司想像成一個團體會比較好理解。以製作遊戲軟體的公司為例，公司裡有設計遊戲的人、把設計案寫成程式的人、負責宣傳讓大家都知道這款遊戲的人，每個人都扮演好自己的角色，以分工合作的方式完成工作，最後整合成「製作、提供遊戲，讓玩家樂在其中」的形式為社會做出貢獻。**上班族多半都在名為公司的團隊中負責某一個部分，所以看不出他們對世人有什麼直接的幫助、或對社會有什麼直接的貢獻，但每個人都是不可或缺的零件。**

對社會貢獻直接明瞭的工作範例

感冒要去醫院讓醫生檢查或請藥劑師開藥。

藝人在電視裡或舞台上表演，能帶給觀賞的人感動、歡笑及活力。

不易看出有明顯社會貢獻的工作範例

每個公司裡都有各式各樣的工作，單看每位上班族的工作內容，可能不太容易理解他們在做什麼。若將公司視為一個團體，就能理解他們的工作是提供商品或服務給顧客。公司會把工作分成細項，讓每個員工完成自己的任務。

1-2 將世界串連起來的是「工作」

需要透過多人的合作，才能建構的成果

請各位想像一下，自己面前的某樣東西（商品或服務）背後會牽涉到哪些人的工作。舉例來說，當你肚子餓走進拉麵店，點了一碗拉麵，等了一會兒，熱騰騰的拉麵便上桌了。請問是多虧哪些人的工作所賜，這碗拉麵才能出現在你面前呢？

「煮拉麵的廚師和把拉麵端上桌的店員」當然是正確答案，也是最顯而易見的工

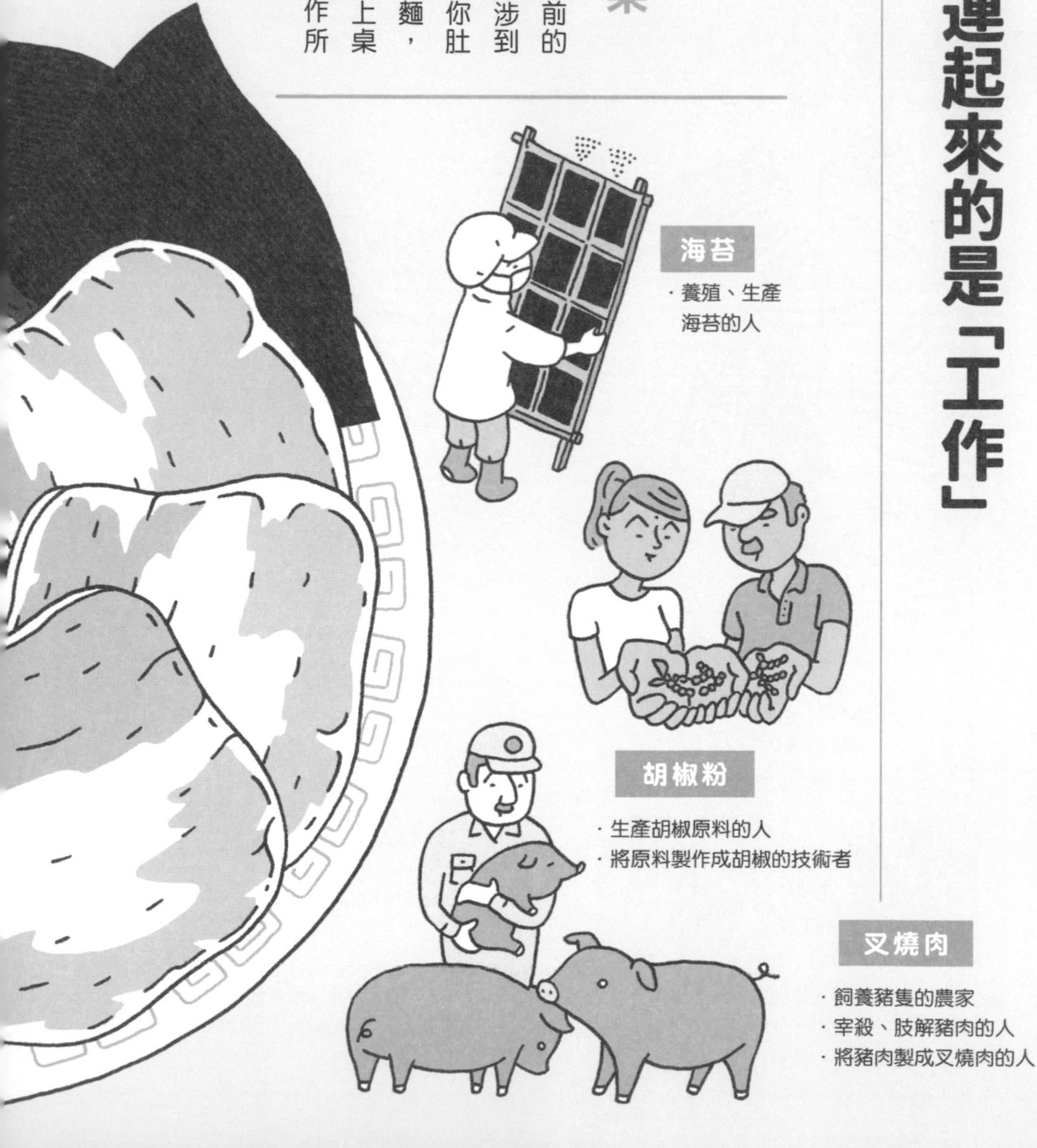
海苔
・養殖、生產海苔的人
胡椒粉
・生產胡椒原料的人
・將原料製作成胡椒的技術者
叉燒肉
・飼養豬隻的農家
・宰殺、肢解豬肉的人
・將豬肉製成叉燒肉的人

作。但是光靠這些人的工作，你還吃不到拉麵。拉麵除了麵和湯以外，還有蔥花、海苔、叉燒肉等許多的配料，生產這些食材的人、開船或卡車運送這些食材的人也是提供這碗拉麵的功臣。麵、肉、蔬菜、調味料等食材皆來自不同的生產者，將這些食材運送到店裡的人或許也來自不同的公司。

麵的原料是小麥，小麥或許是澳洲的農家種的，做成叉燒的豬肉可能是美國的養豬場養的。由此可見，眼前的拉麵不只是國內，也是世界各地的人努力工作的成果。**我們就是在這種不知不覺的情況下，與在國內及世界各地工作的人建立起關係。**

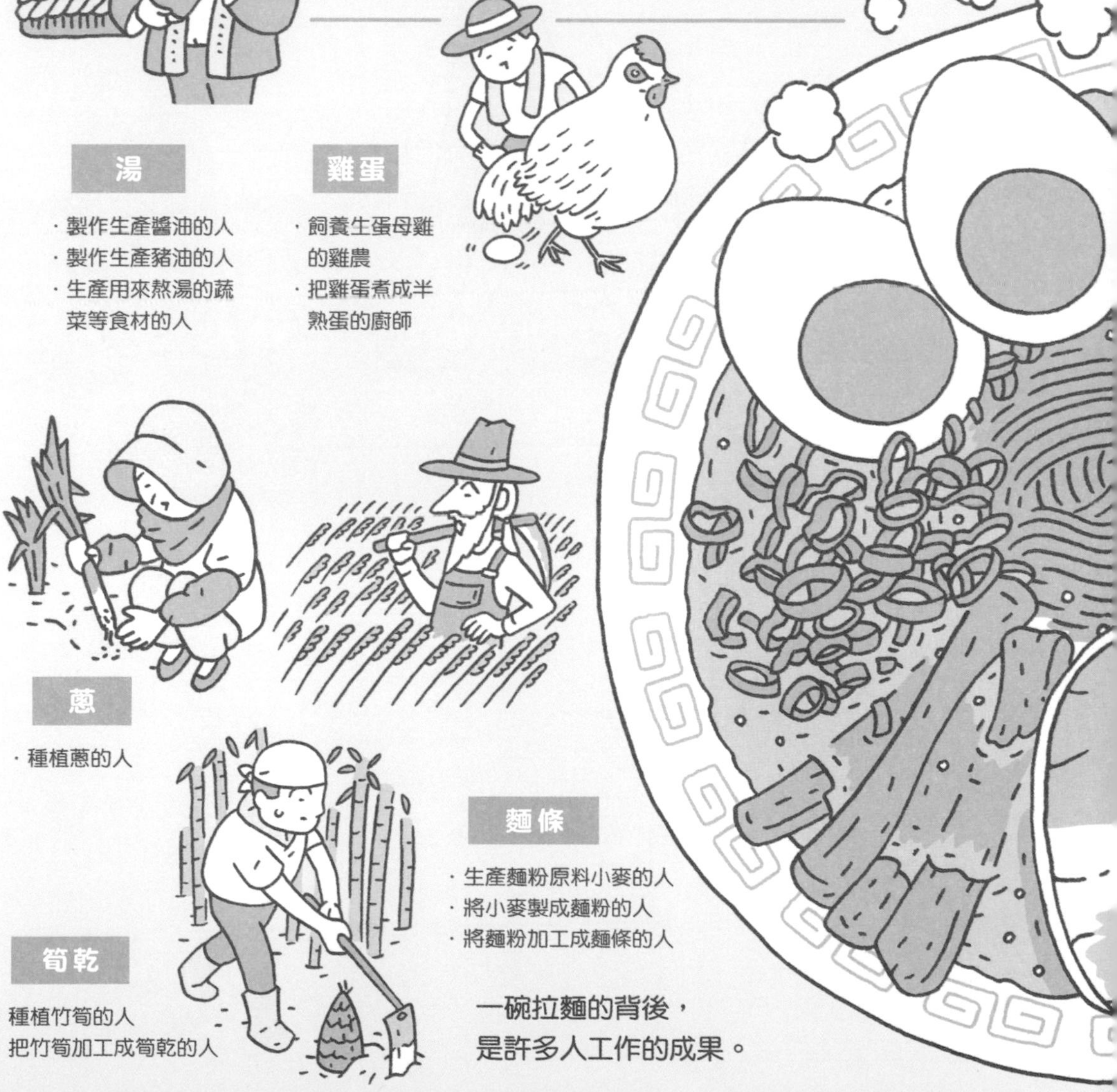
湯
・製作生產醬油的人
・製作生產豬油的人
・生產用來熬湯的蔬菜等食材的人
雞蛋
・飼養生蛋母雞的雞農
・把雞蛋煮成半熟蛋的廚師
蔥
・種植蔥的人
麵條
・生產麵粉原料小麥的人
・將小麥製成麵粉的人
・將麵粉加工成麵條的人
筍乾
・種植竹筍的人
・把竹筍加工成筍乾的人

一碗拉麵的背後，是許多人工作的成果。

因為有許多人工作的成果，
這些日常用品
才能送到你手中。
製造
一切的商品都要有人
在工廠裡製造。
設計
因為有人負責設計，
才能決定商品的外形及性能。
舶來品店
皮包
運輸
把商品送到店裡是負責
運送的人的工作。
零售
要是沒有人販賣，
我們就買不到商品了。

所有看到的物品都不是憑空掉下的

上一頁為各位說明了店家提供的一碗拉麵其實是許多人工作的結晶，不只拉麵，世上所有的事物都是眾人工作的結晶。我們身上穿的衣服、鞋子、手裡拿的皮包和文具，背後都有許多人在揮汗工作，例如製作的人、運送的人、販賣的人等等。

不只是有形的物品，之所以能按一下開關電燈就亮了、轉一下水龍頭就有水、啟動瓦斯爐的開關就有火，是因為有人在提供水電瓦斯的公司工作，才能把水電瓦斯送到家家戶戶，供人們使用。

我們在日常生活中以理所當然的心態購買、使用、看見的東西，都不是原本就在那裡的，世界上沒有任何東西是憑空掉下來的禮物，

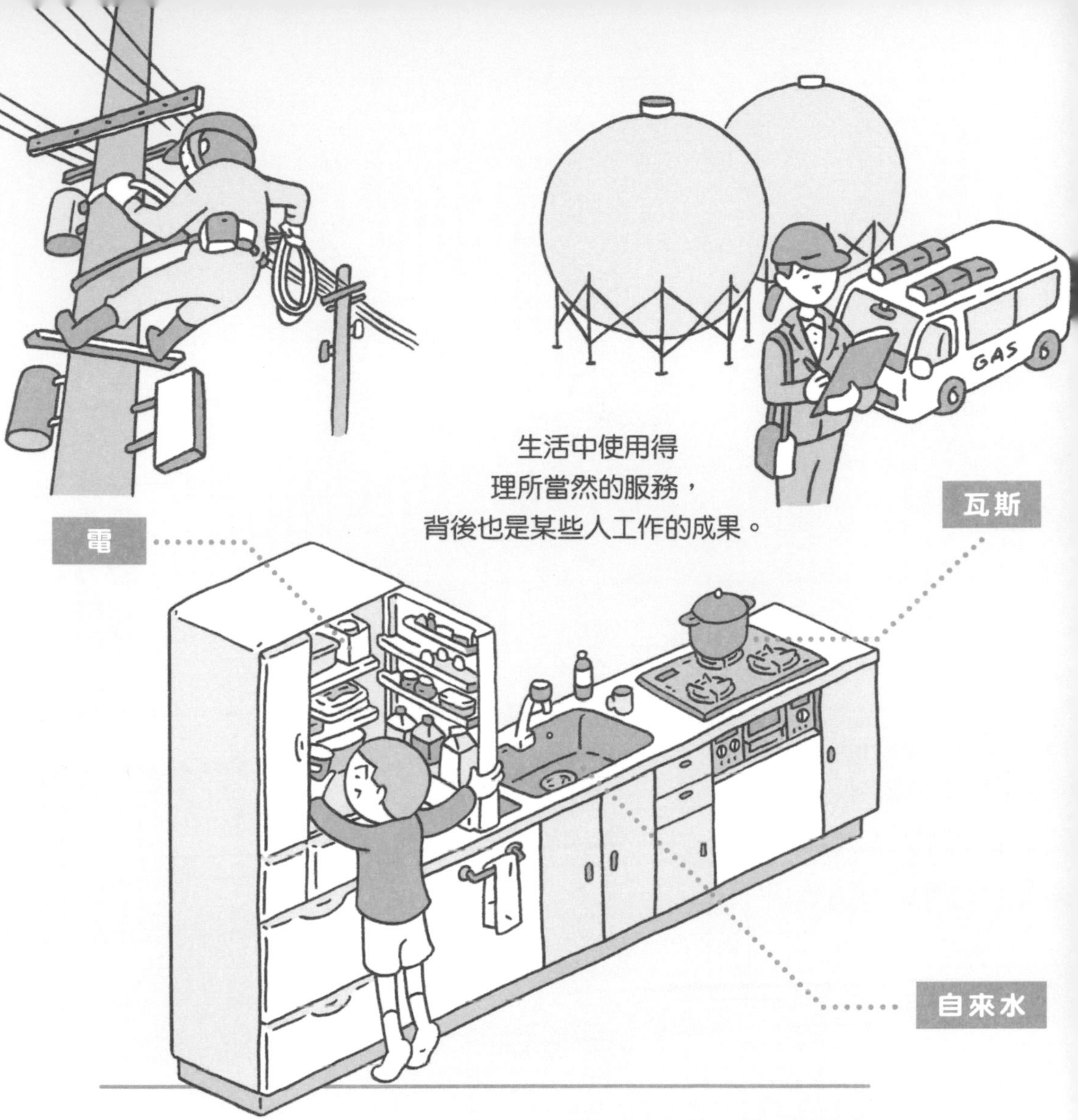
GAS
生活中使用得
理所當然的服務，
背後也是某些人工作的成果。
電
瓦斯
自來水

絕大部分都是由某些人製作、再由某些人提供的東西。拜大家努力工作的成果所賜，我們才能過上方便又舒適的生活。理解到這一點，看事情的角度是不是截然不同了？

倘若將來想從事某種工作，肯定也會幫助到世界上的人。你的工作說不定會經由各種管道，讓地球另一邊的人幸福，或許還能超越時空的限制，得到未來人的感謝也說不定。工作的樂趣之一，就是能與世界接軌，與世界各地的人建立關係。

1-3 工作與金錢的關係

付錢是為了表達對他人「感謝」的心意

別人替你做了非做不可的事情時，你通常會說「謝謝」對吧？得到什麼想要的東西時，也會說出感謝的話。有人幫助我們或做了什麼令我們高興的事情，為了表示感激，通常都會說聲「謝謝你」。

前面已經說過，工作是一種「對別人有幫助」的行為，那麼當有人為我們工作，我們要怎麼表達感謝的心情呢？以工作來說，「付錢」就是一種表示「謝謝你」的行為。「很謝謝你，替我做了我不能

到壽司店吃壽司的時候，付錢是用來表示「謝謝招待」的意思。壽司店進貨時也會付錢給漁夫和相關公司，所以你的「感謝之意」也會傳達給那些人。

或不想做的事」、「謝謝你提供我想要的東西」。付錢的行為具有以上的意義。**透過工作建立起互助合作的聯絡網，付錢表示感激是在社會交流及生存的規矩**。

付錢行為還有另一個意思。舉例來說，當你在便利商店看見一塊兩百五十元的蛋糕，你會買嗎？如果是「肚子剛好餓了」、「看起來好好吃」、「兩百五十元很便宜」的話，就較容易購買；但如果是「肚子好飽」、「剛好不是喜歡的口味」、「兩百五十元有點貴」的話就不會消費了。

這表示當下做出了「這塊蛋糕值不值得兩百五十元」的判斷。換句話說，**付錢也是表示自己認為那項工作值得那個金額的行為**。

有不付錢也能得到的服務嗎？

我們付錢是為了得到「商品」或「服務」，像是去菜市場買菜時，蔬菜本身就是「商品」；去國術館按摩時，按摩的行為則是「服務」。簡單來說，有形的東西是商品，無形的東西是服務，但是商品與服務並沒有明確的界線。在咖啡廳喝咖啡的時候，如果把重點放在咖啡上，咖啡廳提供的是商品；如果把焦點著重於在咖啡廳偷得半日悠閒，那咖啡廳提供的則是服務。

前面也提到過，得到別人的幫助（提供「商品」或「服務」）時，付錢以表示謝意是社會的規矩，但是也有一些不用直接掏錢付費，也能享受到的服務。

舉例來說，萬一發生火災，消防車會火速趕來，消防員會幫忙滅火，這時沒有人付錢給消防隊。垃圾車來時，家家戶戶都把垃圾拿出來清理，這時也不會有人付錢給清潔隊員。這些服務為什麼都不用付錢呢？

其實並不是不用付錢，消防隊和清潔隊員當然也要領薪水，至於付給他們的薪水則來自於我們繳的稅金。有工作的人必須繳稅給國家或政府（縣或市等機關），即使是不用繳稅的小孩，去商店買東西的時候，也必須支付營業稅。

我們繳的稅主要是用來讓我們的生活過得更好，從稅收裡提撥薪水付給保護我們不受犯罪威脅的警察及公立學校的老師。這些人多半稱為「公務員」，他們的工作是爲了提供人們更好的服務。大家繳的稅就是向他們的工作表示「謝謝你」的心意。

大人小孩在很多地方都支付了稅金，支付稅金的行為稱為繳稅。

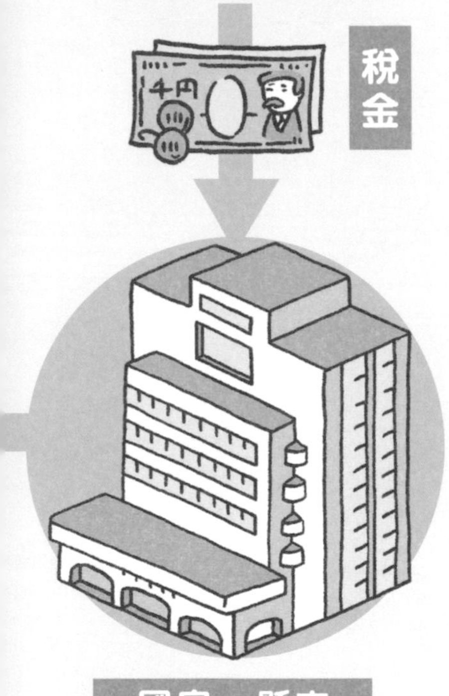

用稅金來表示「謝謝你」的工作

為了確保人民的安心與安全

警察保護人民不受犯罪的威脅，消防員及救護隊員則是為了應付火災及意外。

救護隊員
消防員
警官

為了傳道授業解惑

幼稚園及學校老師的工作是為了教育，圖書館員的工作是提供借還書等的服務，美術館及博物館的導覽員則是以傳播藝術及文化為己任。

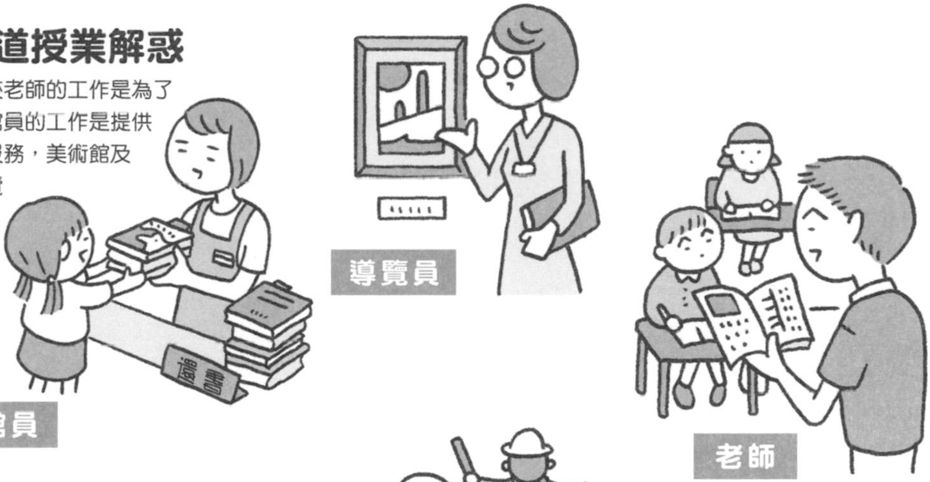
還書
圖書館員
導覽員
老師

為了改善周遭的環境

收垃圾及馬路施工、公園管理等工作，多半是以稅金雇用工人來提供服務給我們。

收垃圾
馬路施工
公園管理

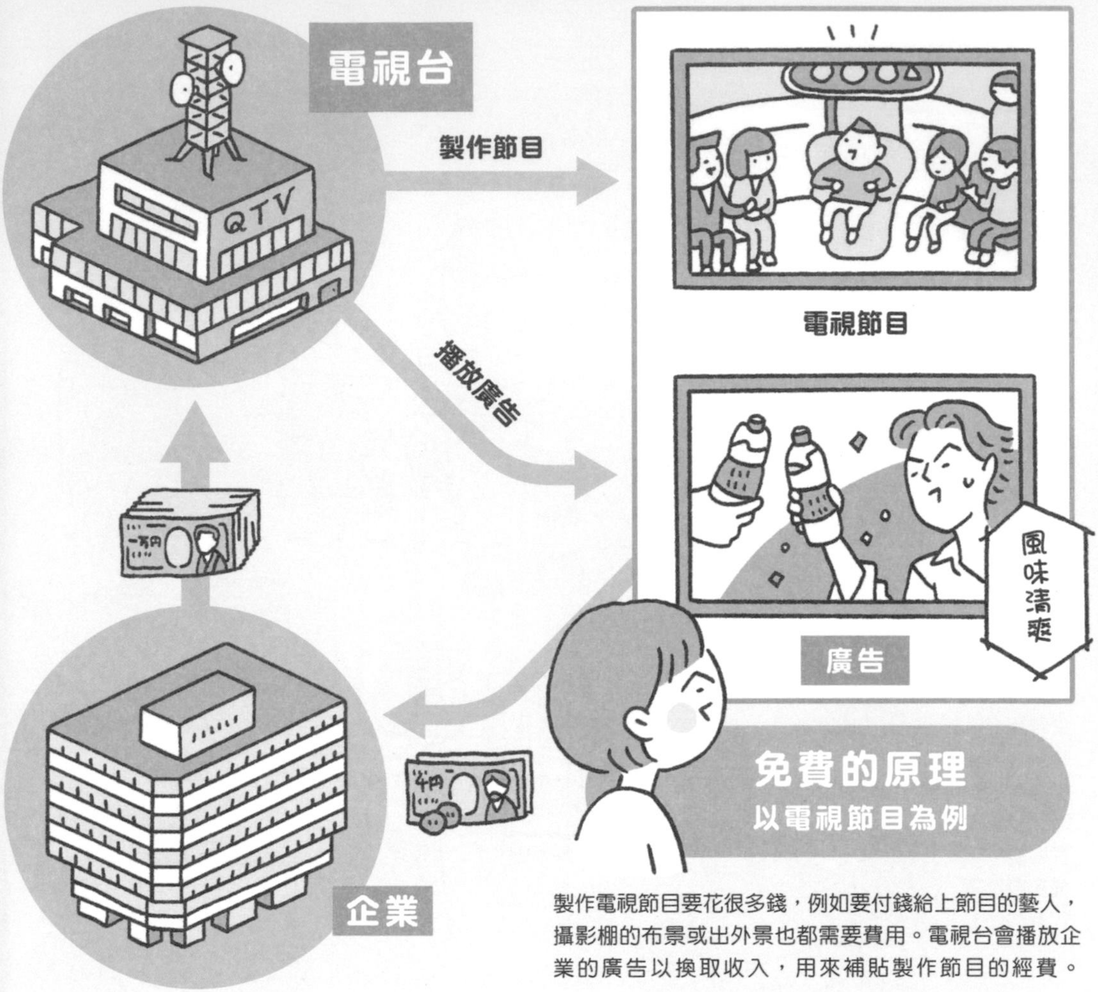

製作電視節目要花很多錢，例如要付錢給上節目的藝人，攝影棚的布景或出外景也都需要費用。電視台會播放企業的廣告以換取收入，用來補貼製作節目的經費。

為什麼我們能夠免費看電視？

前一頁為大家說明過，有些不用直接付錢，靠稅金支付薪水的工作，其他還有一些不直接進行金錢交易的工作。

以電視為例，ＮＨＫ（日本放送協會）或衛星節目要付錢才能看，但是幾乎所有民營電視台的節目都能免費收看。製作電視節目需要很多人力，明明要花很多錢，為什麼可以免費收看電視呢？

那都是多虧有廣告的功勞。電視節目會播放廣告，企業（或團體）為了打廣告，願意付很多錢給電視台，電視台則利用那些錢來製作節目。看到新商品的廣告，是不是想買了？這就是企業要的效果。

除了電視以外，還有各式各樣的廣告。

搭捷運的時候，車廂會張貼很多廣告。另外，也有很多人會在社群網站及影音網站上看到廣告，企業願意花較多金額支付廣告費用。

【企業付錢給電視台】→【電視台用那些錢製作能吸引更多人來看的節目，在節目中播放該企業的廣告】→【看到廣告的人花錢購買該企業的商品或服務】。日本人可以免費收看的電視節目其實是建立在這樣的原理上。

除了電視廣告以外，報紙、捷運、社群網站都能看到廣告。企業為了讓自家公司鎖定的對象看到自家商品或服務，很願意花大錢打廣告。拜廣告所賜，現在多了很多使用者不需要付費的服務。

光是知道世上充滿這種沒有直接金錢往來的工作，也很有收穫。一旦產生金錢交易，就表示那裡有人在工作。**試著分析世界上各式各樣的金流原理，能有助於了解過去不了解的工作**。

我正在研發不只小朋友，就連大人也能玩得很開心的玩具。
為了讓別人開心，
自己也得盡情享受人生才行。
（玩具公司企劃課職員 28歲）

我正在設計托兒所，希望設計出能讓小朋友自在玩耍的空間。
會一邊和大家討論，
一邊打造出舒適的托兒所。
（建築師 40歲）

我的工作不只是救命，也要幫病人了無牽掛地走完最後一程。
我還不太明白怎麼做才是「理想的看護」，但至少想成為自己能接受的看護。
（看護 25歲）

我的工作是幫助身為運動員的兒子做好飲食及健康的管理。
有人會說：
「怎麼不多愛自己一點？」
但我不這麼想。
我每天都過得很快樂、很充實。
（家庭主婦 50歲）

雙腿行動不便的我，
從以前就覺得很委屈，
為什麼都沒有好用的輔具。
所以為了讓殘障人士的世界
也能充滿光彩，
開始創業，目前正在製作
充滿設計感的輔具。
（醫療相關用品公司老闆 44歲）

不能不知道對方想要表達什麼，
所以在工作的時候，
都要提醒自己必須順著對方的思考邏輯去「翻譯對方的心思」。
（外語翻譯者 35歲）

我的工作是每天都要
保持列車的安全、準時、順利。
順利其實非常困難，
所以我每天都覺得很驕傲。
（新幹線列車長 24歲）

葬儀社的工作就是365天，24小時
隨時待命，好讓顧客放心。
我在工作的時候都想著要讓失去
重要的人能稍微安心一點。
（葬儀社 41歲）

第 2 章

人要怎麼工作？要怎麼生活？

感覺如何？
嗯，該怎麼說呢……
蠻好看的！
原來我也藉由買東西成為世界的一部分。
第2話
活著就要花錢？
工作等於幫助別人，
NEW
對我來說這是個新發現。
MENU

很有幫助吧？
咦？可是……
小優阿姨的工作對誰有幫助呢？
設計書這種工作？
沒禮貌！我的幫助可大了！
呃～～等一下喔，要怎麼淺顯易懂的說明呢？
讓我想想……
公司呢，是一種必須賺錢的單位。
公司

辛苦你了!
公司
因為公司必須發薪水給在那家公司上班的員工們,
薪水
公司
想到辦法了!!
而且開發新產品也得花費金錢,
出版社(製作書本的公司)會來請我幫忙,
公司
「為了多賣一點書,請把書的『外表』打扮得好看一點吧。」
這就是設計師的工作囉。
出版社賣了很多書之後,就能賺到錢對吧?
我的工作就是幫忙多賣一點書喔!

原來如此！
這麼說來，妳的工作是幫忙別人賺錢啊。
拉開…
不僅如此，
要是有人看完這本書覺得有所收穫，
就等於我也間接的「幫助了那些人」呢。
有道理。
小優阿姨，這本書還有後續嗎？
有是有，但是還沒完成。
那完成了要給我看喔！
晚安～

喀咚！
翻頁……
隼人他……
好像很高興呢，
有收到我的心意了吧。
好，我也要加油！
不能輸給他呀！

看完那本書之後的一個禮拜，
感覺看事情的角度都變了呢。
在學校上課的時候、去便利商店買東西的時候、回家吃飯的時候……
只要稍微想像一下，就能發現每件事都跟某個人的工作脫不了關係。
甲幫助了乙，乙則付錢給甲，做為感謝的回禮。
世界都是這麼運作的。
當我意識到這一點，
感覺自己好像長大了些，覺得好高興。

外婆您在寫什麼？
我在記帳喔。
記帳？
在什麼東西上花了多少錢，原本預定要花多少錢，又有多少錢進帳……
家計簿
把這些家庭的收入與支出記錄下來，就是記帳喔。
難道是因為我們搬過來，所以錢不夠用了？
哈哈哈，伙食費確實是增加了，但是奈津和小優都有給家用，所以沒問題喔。
我也還有年金啦…

輕拍
小孩子不用擔心錢的事啦!
大人對金錢都計算得好清楚，真是了不起耶。
這麼說來，以前我剛開始上補習班的時候，
除了房屋貸款還有補習班的學費啊～
所以你暫時沒有啤酒喝囉!
啊，怎麼這樣～
印象中
爸爸媽媽也討論過錢的事呢。
人活著就會花錢，所以要把錢花在刀口上。
大人真厲害。
家計簿
隼人～

那本書的後續完成囉。
我馬上來！
咚
咚
咚
開門
這次的內容是什麼？
給你，慢慢看吧。
關於每個人的生活方式及工作方法吧？
像是生活中的花費，還有生活與工作的平衡的內容。

聽起來好深奧喔。
生活與工作的平衡？
你先看了再說吧！
翻……
書頁裡充滿了……
我以前所不知道的，關於這個世界的構造。

2-1 人的一生要花多少錢？

一個月要花多少錢？

生活需要花費的錢稱為「生活費」，包括伙食費、治裝費、房租或房貸等等。花在食衣住行的錢和生病時候花的「醫藥費」、去旅行或看電影時花的「娛樂費」等各式各樣的費用。下圖是把一般家庭一整年花的生活費做成圖表，可以算出一個月大概要花掉六萬八千元。當然這是取平均值，有人「花不到這麼多錢」，也有人「才不止這些錢」，**但無論如何都可以看出活下去需要很多錢。**

生活費的使用方法依收入及家

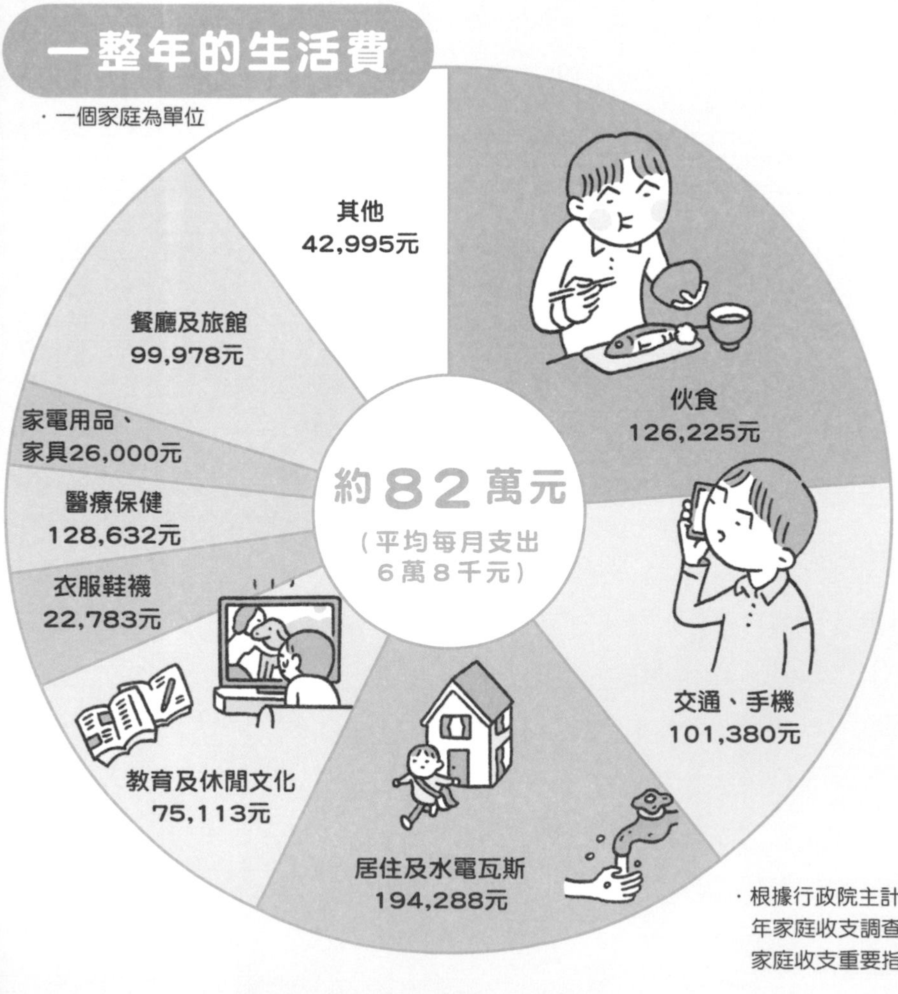
一整年的生活費
・一個家庭為單位
伙食
126,225元
交通、手機
101,380元
居住及水電瓦斯
194,288元
教育及休閒文化
75,113元
衣服鞋襪
22,783元
醫療保健
128,632元
家電用品、
家具26,000元
餐廳及旅館
99,978元
其他
42,995元
約82萬元
（平均每月支出
6萬8千元）

・根據行政院主計處「民國107年家庭收支調查報告」參照家庭收支重要指標

庭的狀況、住的地方及那個人的價值觀而異。舉例來說，小孩比較多的家庭或讓小孩就讀私立學校的家庭要花比較多教育費。還有，選擇住在市中心以減少通勤時間的人就得多付一點房租或房貸。除此之外，也有人會選擇盡量降低用來買衣服的費用。每個人的需要與價值觀會反映在該家庭花錢的方式上。

因人而異的消費習慣

房租／房貸費
高
低
短
長
通勤時間

HAWAII

「恩格爾係數」與「天使係數」

伙食費是家家戶戶都要花的錢，伙食費在生活費中占的比例稱之為「恩格爾係數」。收入越少的家庭，伙食費在生活費中占的比例越高，也代表恩格爾係數越高。另外，父母花多少錢在孩子身上稱為「天使係數」。除了教育費以外，也包含花在孩子身上的伙食費、醫藥費、保險費等等。

天使係數
恩格爾係數

一輩子要花多少錢？

上一頁提到一個月要花多少錢，以下帶大家了解人生中主要的大筆支出，稱之為「人生的三大支出」。**人生的三大支出分別是花在「教育」、「居住」與「退休」上的錢。**一旦生了小孩，就得準備一筆錢供孩子讀書；如果要買房子，就必須準備買房子的資金。還得準備一筆等到上了年紀，無法工作也能活下去的錢。

由於上述的錢金額龐大，必須花很多時間準備。大部分的大人都會有計畫的把這些錢存下來，或是向銀行等金融機構借錢來應付這些費用。

人生的三大支出

教育費

教育的費用會依照父母想讓小孩接受什麼樣的教育，或是想讓小孩念什麼樣的學校，而有很大的差別。小孩從幼稚園到大學念的都是公立學校或私立學校，教育費差距很大。

每人大概的教育費用

	公立	私立
幼稚園3年	15萬元	69萬3千元
小學6年	2萬4千元	60萬元
國中3年	1萬8千元	30萬元
高中3年	1萬8千元	30萬元
大學4年	20萬元	40萬元
合計	41萬元	229萬3千元

・資料來源：學費以教育部94年度規定之最低收費標準為主。

居住的費用

大部分的人買房子會利用「房屋貸款」的機制跟銀行借錢，再花幾十年一點一滴地還清。平均的貸款金額為700萬元，每個月的還款金額為 4 萬元，貸款年限大概是22年。另一方面，如果不買房子，一直用租的，老了也得繼續付房租。

・數字來源為財團法人金融聯合中信中心

老後的費用

為了退休後的生活

假設可以活到100歲

以65歲退休為例，剩下35年要花的錢……

支出 － 收入 ＝ 不足

支出	收入	不足
4.6萬（1個月）×12個月	2.2萬（1個月）×12個月	
＝55.2萬元（1年）	＝26.4萬元（1年）	
55.2萬×35年 ＝1,932萬元	26.4萬×35年 ＝924萬元	1,008萬元

人活著的時間已經越來越長，現在已經是「可以活到100歲的時代」了！退休後還要活很久，所以絕對不能沒有錢。所需的金額根據身體健不健康、能活到幾歲、想過什麼樣的生活而異。雖說有所謂的年金收入（約2.2萬／月），還是得為退休後的老年生活存錢。

・依據行政院106年度的家庭收支報告。

2-2 生活與工作能夠徹底分開嗎？

大人一天要工作多久時間？

看到現在，應該已經知道人為了生存下去，非得花到金錢，為了賺錢也必須工作，那成人一天花多少時間在工作上呢？

上班族一天的工作時間大概是八小時，再加上出門的準備時間和來回的通勤時間，大約還要再花兩小時。一天只有二十四小時，假設睡眠占了八小時，三餐加起來一共要花兩小時，做家事或洗澡的時間為一小時左右，平日能自由運用的

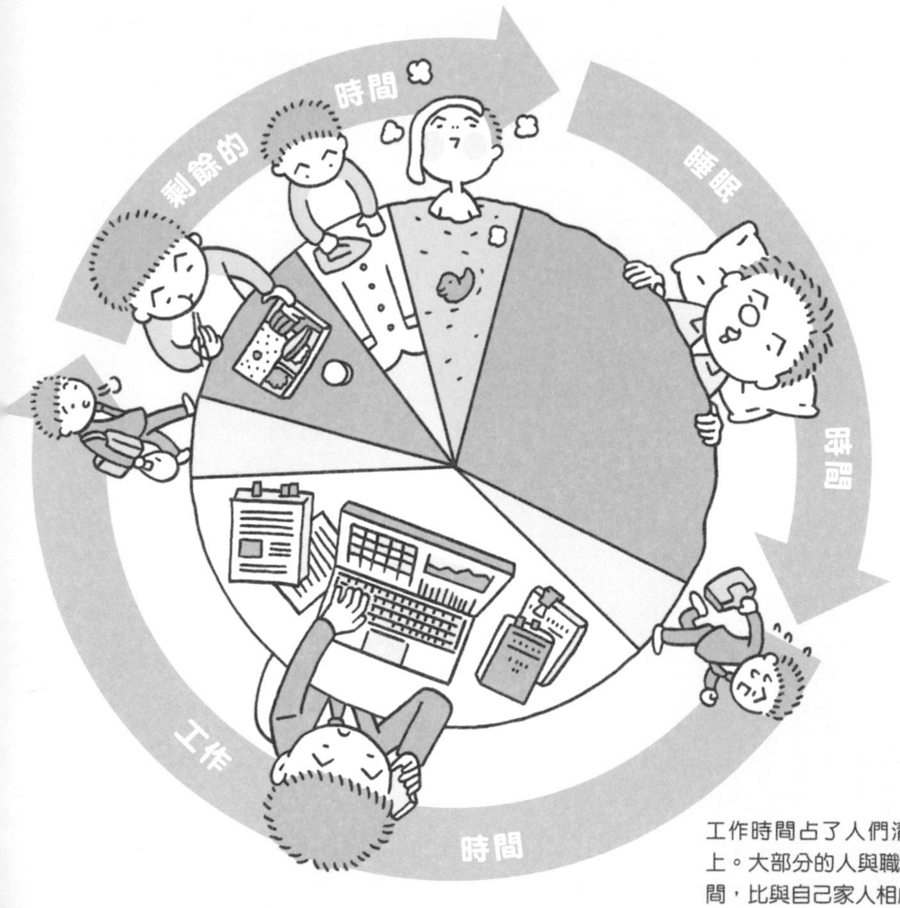

工作時間占了人們清醒時間的一半以上。大部分的人與職場上的人相處的時間，比與自己家人相處的時間還要長。

時間只剩下三小時。萬一要加班的話，幾乎沒有可以自由運用的時間，說是醒著的時間幾乎都在工作也不為過。

不只時間，上班族工作的時候，有很長的時間都不在家。換句話說，不只時間，自己置身的場所（空間）也會受到工作影響。

此外，工作也會大大的影響人的心情。例如「那項工作進度如何了？」、「提案沒通過怎麼辦？」……有時候就連私人時間也滿腦子都是工作上的事。另一方面，倘若工作進展得很順利，心情就會變得很輕鬆，也能開心度過私人時間。

工作對人的「時間」、「場所」及「心情」都有很大的影響。聽到這裡，你是不是也覺得工作不只是賺錢的手段，還會影響到自己人生的一大部分呢？

為了工作，必須去公司或職場上班，
所以工作也會影響到自己待的地方。

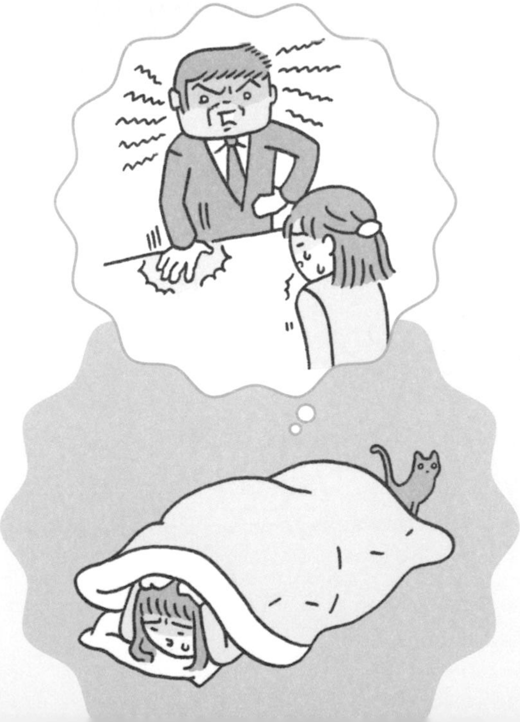

工作如果很充實，私生活也會過得比較舒適。
相反的，工作上有煩惱的時候，身心就會無法好好休息。

思考「工作與生活」的平衡

工作很重要，會為人生帶來重大的影響。但也不能滿腦子只有工作，其他的事都不管。以下就帶大家思考「工作與生活的平衡」。

在前一頁提到工作會影響私人時間的心情，而私生活其實也會影響工作。舉例來說，被伴侶拋棄的時候，就算去上班，心情也會很糟糕，工作可能會不順利。相反的，明天就要去旅行的人，當天可能會更認真工作也說不定。

工作與生活的平衡是基於「巧妙地取得工作與其他生活的平衡，

工作與生活會互相影響，
一旦偏重於其中一邊，
就無法過上平衡的生活。

讓工作與生活能相輔相成，得到雙贏」的想法。因為有時間與家人相聚，人會更有活力，工作起來也會更起勁，或是有時間花在自己的興趣上，工作很辛苦的時候也能有一個喘息的空間。這樣子的話，就可以說正處於工作與生活取得平衡的狀態。

請千萬不要誤會，「工作與生活分得清清楚楚」、「工作與私生活比起來，應該更重視生活」、「工作與生活的理想比例應為一半一半」都不見得是工作與生活取得平衡的正確答案。

工作與生活會互相影響，彼此的關係也密不可分，有些職業的工作與生活根本沒有明確的區隔。**工作與生活的理想比例因人而異，所以重點在於配合自己的價值觀，控制工作與生活的平衡。**

什麼是不好的工作習慣？

有人並非出於自己的本意，而是在公司的要求下，長時間負擔大量工作，導致生活不規律，在累得像條狗的情況下不眠不休的工作，這種人就沒有取得工作與生活的平衡。這種工作習慣長久下去可能會損害身心的健康，所以必須特別注意。

上班族

A小姐的工作與生活

公司與住的地方分開，因此工作時間與私人時間也分得很清楚。

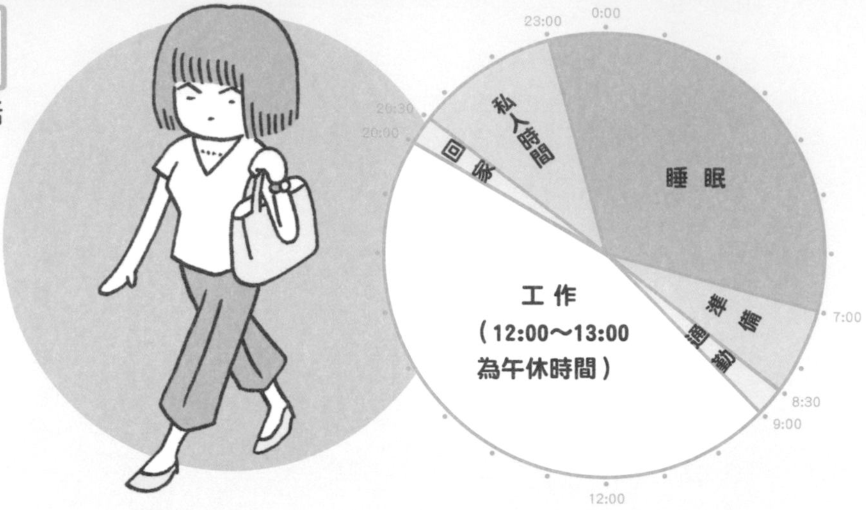
0:00
23:00
20:30
20:00
私人時間
回家
睡眠
工作
（12:00〜13:00
為午休時間）
準備
通勤
7:00
8:30
9:00
12:00

酪農家

B先生的工作與生活

牧場及牛棚就緊鄰著住處，因此要邊生活邊照顧牛隻。這就是工作與私人時間混在一起的工作模式。

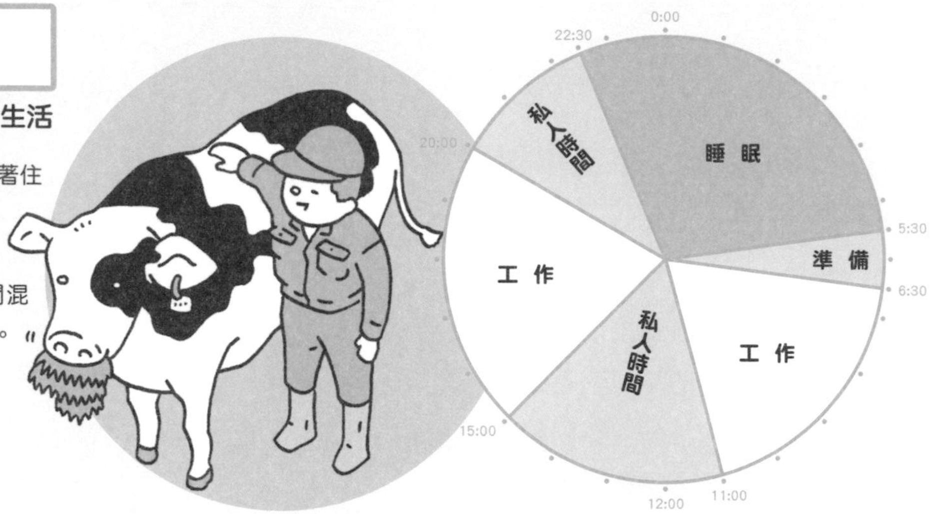
0:00
22:30
20:00
私人時間
睡眠
5:30
準備
6:30
工作
私人時間
工作
15:00
12:00
11:00

工作與生活的平衡因人及職業而異

前頁提到過工作與生活的平衡，以下繼續帶各位看各行各業的人怎麼過日子。在公司上班的A小姐九點開始工作，通常下午六點下班，但這天加班到八點。平日的行程都是在晚上六點到九點前後回家，週末六日基本上休息。

至於當酪農的B先生，為了照顧牛，幾乎全年無休，每天都要餵牛吃飯、幫牛擠奶、打掃牛棚。酪農家的工作與生活比上班族的工作與生活更密不可分，只能利用工作的空檔充分休息，享受私人的時光。

漫畫家C先生的生活與工作或

許是最分不清楚的一位。在工作室裡畫漫畫的時候當然是在工作，但是想點子的時候、上街尋找靈感的時候也是在工作。工作時突然想做什麼，也可以隨時丟下工作去做那件事，乍看之下與工作無關的事可能也會成為畫漫畫的靈感。只要能畫出有趣的漫畫，準時交稿，除此之外就沒有其他規定了，所以有些漫畫家會過著日夜顛倒的生活。

觀察各行各業的時間表，不難看出工作習慣因職業而異。當然，有人的工作時間比較短，**也有人因爲工作很有成就感，比別人花更多時間在工作上**。大家的工作習慣是否相同並不重要，**重點在於要取得工作與生活之間的平衡，以自己的方式工作，不要勉強，從生活中感受到幸福。**

漫畫家

C先生的工作與生活

因為能相對自由的切換工作與私人時間，多半會把一整天的時間切割得比較細碎來工作。有時候專心起來可以連續工作好幾個小時，但是也有完全無法專心，動不動就休息的時候。

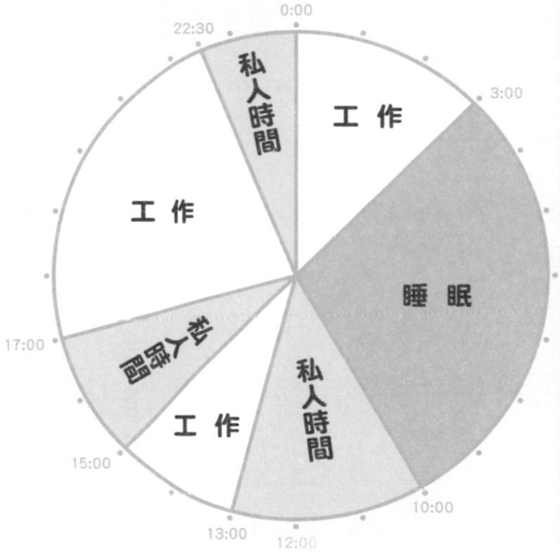

關於「QOL」的想法

QOL是「Quality of Life」（生活品質）的縮寫，意思是過著充滿自我風格的生活，發掘人生中的幸福。如果被工作搞得疲於奔命，就無法過上高品質的生活。必須思考什麼是自己的幸福，才能過上高QOL的生活。

同時兼顧工作與育兒的夫妻

早上先送小孩去托兒所。為了取得工作與生活的平衡，可以多加善用的服務。

必須抓緊時間，有計畫且有效率地工作。也有人與同事分工合作，盡力調整工作量。

依循「人生大事」改變工作模式

以一個人住的單身貴族為例，一旦結婚生小孩，要邊養小孩邊工作的話，工作方式會有什麼改變呢？如果有了小孩，大人就得配合小孩的時間作息，早上八點先送小孩去托兒所，傍晚六點再去接，晚上九點睡覺。單身時每天加班到晚上七、八點的人，考慮到這麼一來可能沒時間與孩子相處，或許會盡量早點下班回家。有些人會提早到公司工作，好讓自己能準時下班，有人則是善用公司的制度，縮短工作時間。

不只是生養小孩會讓人改變自己的工作模式，人生會發生什麼事誰也說不準，倘若父母需要照顧，就不能像以前一樣全心工作，或是身體不好而住院的話，也不能跟以

各種人生大事

結婚

當一個人的生活變成兩個人的生活，生活步調或花錢習慣也可能會隨之改變。

破產、裁員

雖然是晴天霹靂的意外，但每個職場上都有可能遇到。這時就必須另尋新工作。

還要去托兒所接小孩，所以不能加班到太晚。也有些家庭會與家人商量，輪流接送小孩。

配合小孩就寢的時間，上床睡覺時間也提早了。調整生活步調，以應付明天的工作也很重要。

前一樣照常工作。

萬一現在的職業或職場無法取得工作與生活的平衡，就要和家人或公司商量，看能不能改變工作模式以符合自己的需求，有時候可能還得考慮到辭職、換工作的可能性。**人必須配合每個階段的人生大事，重新審視自己的生活方式，隨時調整成適合自己的工作模式。**

「做家事」的價格？

根據日本內閣府在2011年公布的試算，全職主婦的家事勞動相當於304萬圓的年收入。根據計算公式，有些人值得更高的年收入。因為實際上領不到薪水，家事是一種很難評價卻又很重要的工作。在規劃家庭內的任務分配時，必須先理解做家事的價值。

住院

一旦住院，那段期間就無法工作。如果是因為工作住院，可能還得重新審視截至目前的工作模式。

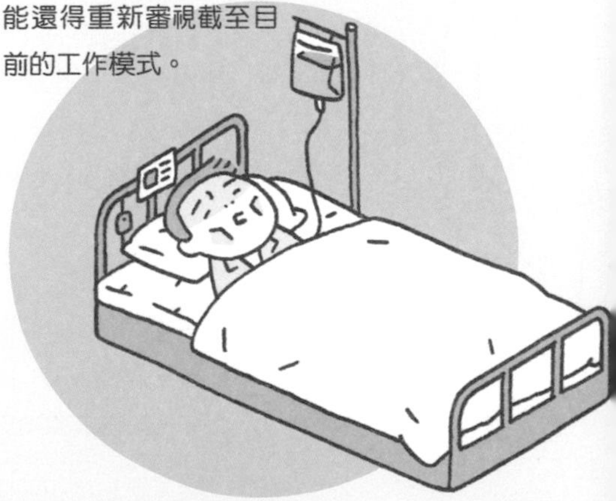

看護

有很多人因為要照顧父母，而重新調整自己的工作模式。與養兒育女一樣，也可以善用施設或服務。

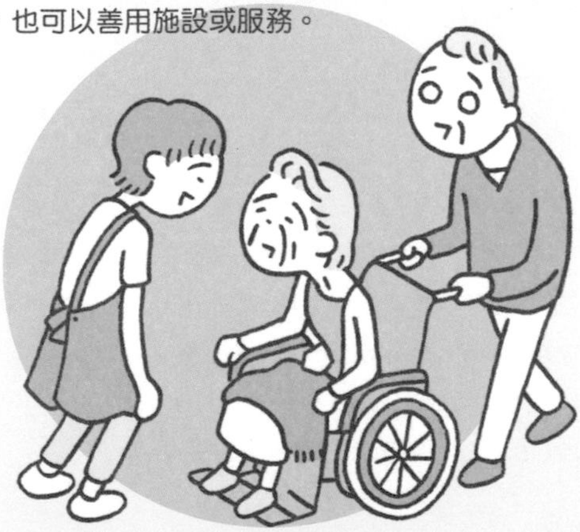

2-3 世界上有各式各樣的工作模式

公司和企業也有各式各樣的工作模式

上班族指的是受雇於公司（企業）的人，世界上有很多為公司及團體工作的人，雇用方式琳瑯滿目。**雇用的形態大致可以區分成「正式雇用」與「非正式雇用」兩種。**一般來說，正式雇用是指正式員工，非正式雇用則是指工讀生或兼職人員、約聘人員和派遣人員等等。

正式員工通常一天之內約有八個小時都在公司上班，可以工作到法定年齡，藉此獲得長期且穩定的

正式雇用

基本上可以工作到退休，得到穩定的收入，具有比較容易進行人生規劃的優勢。

非正式雇用

可以運用自己的技術或能力，採取彈性的工作模式。學生、主婦及打工族等形形色色的人都善用這種雇用形態。

約聘員工

與公司簽約，在一定期間內執行某些業務的人。萬一公司不續約，就無法繼續在這家公司工作。

派遣員工

向派遣公司登記，前往他們介紹的公司上班的人。薪水由派遣公司支付。

打工、兼差

與約聘員工大同小異，與公司簽約，萬一公司不續約，就無法繼續工作。但是在工作時間的選擇比約聘人員自由一點。

收入，也有機會升職（地位提高）或加薪（薪水增加），有的公司除了薪水以外還會給獎金（業績獎金、三節禮金、年終獎金等）或退休金（退休時可以領到的錢）。獲得公司正式雇用的人，具有收入穩定、較容易進行人生規劃的優勢。相對於此，工作壓力也很大，可能要面對外派的情況，或因為換部門而無法做自己想做的工作。

一般而言，非正式雇用的工作時間多半比正式雇用短，收入也較少。可是非正式雇用也有好處，例如可以視自己的情況或能力來決定工作時間及內容，工作地點也能比較符合自己的期待。有些非正式雇用的人會同時打好幾份工，工作時間與正式雇用的人一樣長。學校畢業後暫時透過打工賺取生活費的人、因為有其他目標而暫時先打工的人稱之為「打工族」。

各式各樣的非正式雇用

D太太是家庭主婦，上午和傍晚都忙著做家事，只有中間那四個小時左右有空，利用那個空檔在麵包店工作。

E先生打算在不久的將來回家鄉，所以決定再當兩年的派遣員工，從事電話接線生的工作。

大學生F同學每週在便利商店打三天。之所以只排三天班，是因為也不能耽誤到學業。

關於公司（企業）以外的團體

P.36-37為大家說明公務員受雇於縣市政府或國家。除此之外還有很多形式與公司不同，但還是需要雇用人力的團體。例如醫院等醫療機構、經營私立學校的學校法人、為社會公益服務，不追求利益的ＮＰＯ（非營利機構）等等。

不受雇於人的工作模式，比較自由也比較沒有保障

剛出社會工作的人多半都會去公司上班，但是有些人也會因為擁有特殊的技術，或者是在工作的時候學會新的技能，**選擇不再受雇於人的工作模式**。

不前往已經行之有年的公司上班，靠自己力量謀生稱為「獨立創業」。有人會自己成立公司，成為「公司所有人」，也有人不成立公司，單純成為「自雇者」。

所謂的自雇者也可以說是「自營商」，例如擁有自己的店賣魚或賣菜，或是開一家建築事務所或法律事務所等自己的事務所，以及「自由工作者」。自營商與自由工作者沒有明確區隔，自由工作者的工作多半是接來自公司或個人的案子，按件簽約。

選擇不被公司雇用的人可以自由地思考、決定要做什麼樣的工作、要接什麼樣的案子。賺來的錢扣掉工作上需要的經費就是自雇者可以任意使用的金錢。工作上需要的經費都必須靠自己搞定，所以工作減少的時候，收入可能也會減少。另外，因為一切都要由自己決定，雖然很自由，責任也很重大。

如上所述，自雇者雖然有風險，也很辛苦，但是能利用自己的創意或技術自由地工作，透過收入肯定自己做的事，或許是一種很充實的工作模式也說不定。

自營商

繼承了長輩的蔬果店
G小姐的案例

G小姐三年前繼承了從祖父那一代留下來的蔬果店。隨著客人的高齡化及網路商店的普及，營業額逐年衰退，但G小姐還是努力的提升業績，想出宅配商品到老年人家中的服務、提供客人用蔬菜入菜的食譜等嶄新的服務。

自由工作者

自由接案的攝影師 H先生的案例

H先生的工作是接受出版社的委託，拍攝要登在書或雜誌上的照片。有時候每天都有接不完的工作，有時則總是接不到工作，因此每個月的收入都不一定，落差很大。但是能把熱愛的攝影當成工作，感覺比什麼都幸福。

企業經營者

經營研發應用程式的公司 I 先生的案例

原本只是基於興趣做了幾個智慧型手機的應用程式，其中一個得了獎，正式上市。從此他租了一間小型辦公室，成立開發應用程式的公司。應用程式的銷售成績非常好，於是他開始思考是不是要多請幾個人，搬到大一點的辦公室。

稅金及年金的規定依工作模式而異

根據在前面說明的各類型工作模式，稅金的繳納方式與健保費的金額、退休後可以領到的年金也不一樣。最好弄清楚自己要繳哪些稅金和健保費，以及各種稅金與費用依工作模式會有什麼差別。不妨用「正式員工、打工、差異」等關鍵字上網搜尋。

工作＝賺錢。
我不想被工作一定要有成就感
這種世俗的想法綁住。
我很喜歡現在這種環境，
工作賺錢，
然後就可以做自己想做的事。
（雜貨店業務員 30歲）

對我而言，工作是為了讓孩子們
擁有美好的未來。
於是我找到了飲食教育
這門學問。我現在做的工作是要
把豐富的大自然與美味的飯菜、
從心靈出發的健康留給孩子們。
（農場工作人員 25歲）

為了「感謝上天讓自己生為女人，
享受身為女人的樂趣」。
我的目標是從時尚圈出發，
建立一個世上所有女生
無論做出任何選擇，
都能閃閃發光的社會。
（服飾公司老闆 27歲）

工作賺錢養家。
雖然不是什麼
特別冠冕堂皇的理由，
但我相信總有一天，
回想自己的工作時
會覺得「我努力過了！」
（雜貨店老闆 65歲）

橫豎都要工作的話，
我想在辛苦的
環境下讓自己成長。
業務其實是推銷自己的工作，
充滿了成就感。
（保險公司業務員 26歲）

先有客戶，設計師才有工作。
對於想實現夢想的客戶，
我希望自己能成為他們的首選。
（居家空間設計師 37歲）

從「工作是為了
買自己想要的東西」
到「工作是為了家人」，
賺錢是為了讓家人
過得幸福快樂。
我能抬頭挺胸地說出
「今天也努力工作了一天」。
（信用金庫職員 33歲）

「快樂」比金錢重要。
無論是什麼工作，
只要每天上班，
就能得到足夠生活的薪水。
既然如此，
當然還是每天
快快樂樂地工作比較好。
最重要的是靠自己
找到新的「樂趣」。
（書店店員 39歲）

第3章

興趣真的可以變成工作嗎？

咦？
突然想到，爸爸最近都沒來耶。
他有說最近很忙，好像是有個「只許成功、不許失敗」的案子，所以週末也要工作。
這樣啊。
我每隔兩個禮拜就會回去看你們喔～
他明明是這麼說的。
好啦，別氣別氣。努力工作不是很好嗎？
第3話
人一定要有想做的職業嗎？

爸爸說他下個月就會來了。
我知道了。
我出門囉！
怎麼了？今天好像比平常還早？
我想早點去學校複習上次教的內容。
我走了～
喀咚！
他好像稍微成熟了點？
是不是發生什麼事了？

看完那本書的後續，
我覺得大人好厲害啊。
在我們的眼中，
「大人就是大人」，
每個大人看起來似乎
都是一樣的。
其實每一個的大人，
都有著自己的想法，
也選擇不同的生存之道。
再過不到十年的時間，
我也必須選擇升學或就業，
決定自己未來生存的方式，
以及工作模式。
一想到這裡……
就覺得有點不安。

田徑社
小優阿姨光看我的表情，就能知道我在想什麼了。
她告訴我……
「只是窮緊張也沒用，要能掌握自己的未來，最聰明的辦法就是——腳踏實地度過每一天。」
她說的沒錯，
我已經下定決心，要努力做好現在的自己能夠做的每件事。

中學校
隼人！
啊，城崎。
辛苦了～
這個女生叫城崎茜，是住在附近的同學。以前我們回廣島探親時，我們經常一起玩。算是我的兒時玩伴。
她的個性活潑又熱心，所以大家都很喜歡她。也是多虧了和她同班，剛轉學過來的我，才能迅速融入班上同學。
田徑社是不是很累？
對呀，還得增強體力才行。
大概是顧慮到我以前不肯去學校上學，爸媽和老師才會刻意把我們安排在同一班。

對了，快要職場體驗了，你那一組要去哪裡？
我們要去書店。
城崎你們那組是要去托兒所對吧？
對呀！我很喜歡小孩，所以超期待的！
平常也會幫忙照顧親戚的小孩喔～
也有想說將來可以的話，要成為一名幼教老師……
這樣啊，那這次肯定會成為很好的經驗呢。
嗯，對呀！那就明天見啦！
明天見。
城崎同學她……已經決定好將來要做什麼職業啦。

哦，小茜很適合當托兒所的老師呢。
很厲害吧，已經想好將來要做什麼了，
和城崎比起來，我真是沒用～
嘆氣～
直指
「認為自己沒用是最要不得的想法喔！」
by《哆啦A夢》的大雄

那個大雄也會說名言嗎……
我覺得這句話說的一點也沒錯！
怎麼說？
要是總覺得「自己很沒用，什麼都做不好」，就會變成什麼都感覺不到的人喔。
戳
認為「自己應該也能做些什麼」而打開雷達的人，才能得到上天的指示，知道自己能做什麼喔！
還有啊……這句話聽起來可能會有點刺耳……
在還是國中階段的時候，就決定自己想做什麼，也不見得是一件好事喔。

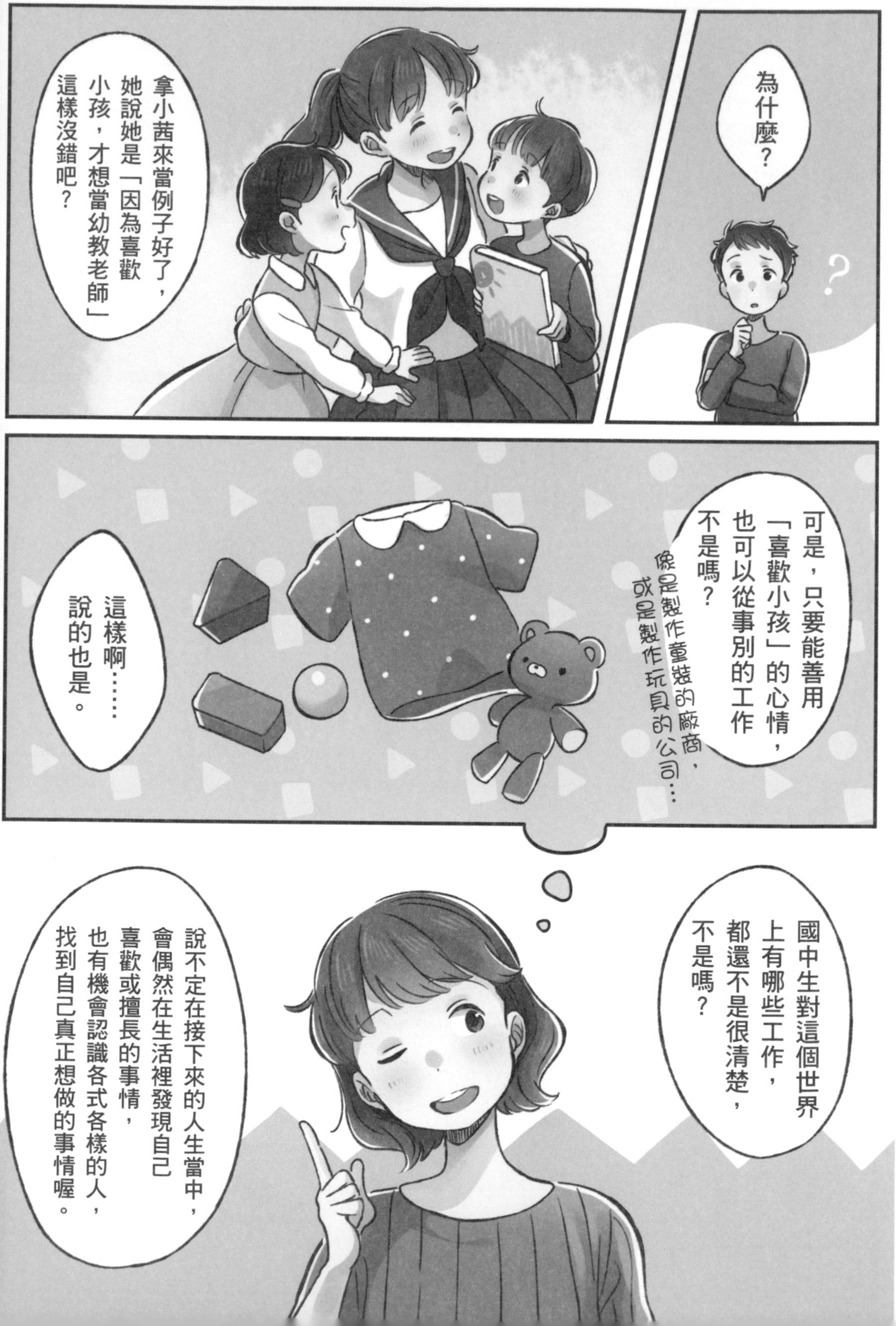
為什麼？
拿小茜來當例子好了，她說她是「因為喜歡小孩，才想當幼教老師」這樣沒錯吧？
可是，只要能善用「喜歡小孩」的心情，也可以從事別的工作不是嗎？
像是製作童裝的廠商，或是製作玩具的公司……
這樣啊……說的也是。
國中生對這個世界上有哪些工作，都還不是很清楚，不是嗎？
說不定在接下來的人生當中，會偶然在生活裡發現自己喜歡或擅長的事情，也有機會認識各式各樣的人，找到自己真正想做的事情喔。

輕拍
所以你呀，不用急著決定自己想做的事或想從事的職業。
只要好好的去認真思考「自己真正想做的是什麼」，這樣就可以了。
嗯，心情好像輕鬆了點。
以上這些，是這次書裡的最新內容！
我是從書上現學現賣的！
獻寶
啊！後續出來啦！
書裡寫著……「喜歡」或「快樂」的感覺，與「工作」之間的關係。
總覺得自己好像又長大了一點。

3-1 從「喜歡」的事物找到工作的方向

清楚喜歡的事物，有助於找到將來的職業

趁年輕思考自己將來想從事什麼工作是一件非常重要的事。為了找到想做的工作，不妨先從思考自己喜歡什麼開始。

有人喜歡運動、有人喜歡閱讀，也有人喜歡解數學題目或是喜歡吃零食、和小朋友玩等等，每個人的「喜歡」都不一樣，試著與實際工作做連結試試看。有人因為喜歡漫畫，所以想成為漫畫家；因為喜歡綜藝節目，所以想成為演藝人員；因為喜

歡宇宙，所以想成為太空人是相同的道理。

如果站立在名為「喜歡」的入口前面，腦海中會浮現出某些職業或工作，就能查書、問大人、上網搜尋，深入的研究才能明白如果將來要從事那方面的工作，要怎麼努力才可以。至於喜歡的事物太多的人，也不勉強自己歸納成一種，不妨把每個隨著「喜歡」而浮現出來的工作全都研究過一遍。**沒有人規定只能有一件喜歡的事或一個夢想。**

「喜歡某件事」、「做某件事時很開心」、「覺得某件事很有趣」、「做某件事的時候會專心到忽略其他事」。如果那個「某件事」能變成自己的工作，肯定是非常幸福的吧。

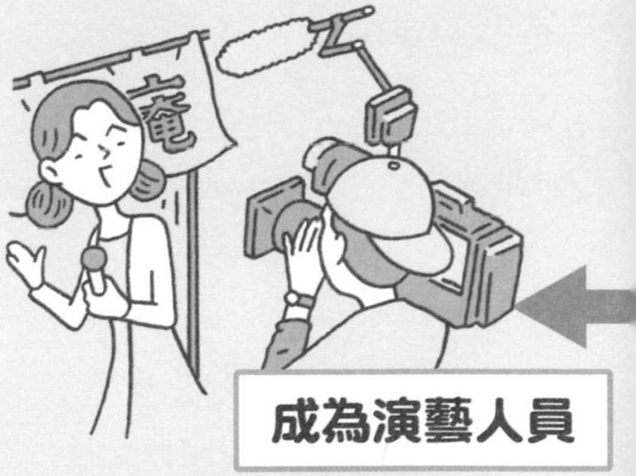

工作和喜歡的事無關也完全沒問題！

舉例來說，也有很多喜歡棒球的人平常從事與棒球無關的工作，只利用假日與朋友一起打棒球。因為是與工作無關的興趣，反而能純粹享受棒球的樂趣。從事與喜歡的事物有關的工作當然很棒，但是過著工作與喜歡的事物無關的生活也不錯。

能把「喜歡」運用在工作上的職業不只一種

請看以下的排行榜，下表是問日本國中生未來想從事什麼職業，請他們寫下來，將結果整理成排行榜。排行榜上的職業多半是日常生活中看得到、接觸得到的工作。例如老師，只要去學校就會遇見；例如藝人或明星，打開電視就能看到了。從比較現實面的角度來看，這可能是因為大部分的孩子還不太清楚世界上有哪些工作，才會出現這樣的結果。

我的意思不是要孩子們鎖定下表列出的職業，反而是因為這張表可以看出孩子們「喜歡」什麼，應該要重視孩子們的心情。希望大家也能知道除此之外，**還有很多能把「喜歡」的心情運用在工作上的工作。**

日本國中男生			
	第1名	學校老師	8.4%
	第2名	足球選手	7.7%
	第3名	醫生（包含牙醫）	5.0%
	第4名	研究人員、大學教授	4.4%
	第5名	遊戲企劃、遊戲程式設計	4.0%
	第6名	公務員（不包含學校老師、警察）	3.8%
	第7名	棒球選手	3.5%
	第8名	警察	2.6%
	第9名	建築師	2.2%
	第10名	藥劑師	1.9%

日本國中女生			
	第1名	托兒所、幼稚園的老師	11.1%
	第2名	護理師（包含助產士、公共衛生護理人員）	8.9%
	第3名	學校老師	7.2%
	第4名	醫生（包含牙醫）	6.5%
	第5名	藥劑師	5.0%
	第6名	演藝人員、明星	4.8%
	第7名	漫畫家、插畫家	3.2%
	第8名	烘焙師、開麵包店	2.9%
	第9名	動物訓練師、飼育員	2.5%
	第10名	公務員（不包含學校老師、警察）	2.2%

・出處：倍樂生教育情報網站／東京大學社會科學研究所、倍樂生教育綜合研究所共同研究「2015年關於兒童的生活與學習的親子調查」

＊比率（%）是以寫下想從事什麼職業的人數為分母，扣掉其所寫下的職業名稱無法明確分類的人數。

喜歡足球的話

可以做的工作有……

職業足球選手

成為足球選手的門檻很高，除了天分以外，還必須不斷努力，才能成為職業選手。

以男生想從事的職業第二名足球選手為例，可以看出男孩子「喜歡足球」的心情，但也不是只有足球選手才能實現這種喜歡的心情。足球隊不只選手，還有教練及管理選手健康的職務、負責經營球隊或公關的人等許許多多的幕後功臣。除了與球隊有關的人以外，還有拍攝比賽的攝影師、撰寫報導的記者、開發釘鞋的球鞋廠商等各式各樣的工作。

不要侷限在「喜歡足球＝成為選手」，**請試著從「還有很多工作能實現喜歡足球的心情」的角度思考，就會知道還有很多工作可以選擇。**如果能從事與喜歡事物有關的工作，從工作中得到成就感，或者是得到別人的感謝，應該就是非常幸福的工作模式。

運動防護員

這是指導選手進行鍛鍊、預防受傷或急救、復健等協助選手表現的工作。不是在球隊裡任職，就是由健身房或整骨院等機構派遣至球隊工作。

足球用品開發人員

用具廠商的工作是依選手或球隊的要求開發制服或釘鞋。用具隨時都在更新和進步，這也是最有趣的地方。

運動記者

工作是報導、解說比賽或選手的狀況。大概也會有很多機會直接訪問到選手或教練。不是在發行運動雜誌的出版社或報社上班，就是以自由接案的方式工作。

球團公關

主要的工作是應付採訪或經營官方網站、製作海報的廣告文宣品。通常要進入球團，在公關部上班。

在「喜歡的事物」的周圍，還有各式各樣的工作。

喜歡漫畫的話

可以做的工作有……

漫畫家

其實不只這條路……

書店店員

為了讓更多人看到自己推薦的漫畫，會製作文宣，大力宣傳。

編輯

與漫畫家討論，一起創造出好作品。

美術設計

設計漫畫的封面或標題等等，讓漫畫更吸引人。

喜歡綜藝節目的話

可以做的工作有……

現場指導

指揮節目的拍攝現場，炒熱現場的氣氛。

演藝人員

其實不只這條路……

企劃製作

構思流程、撰寫劇本，讓節目變得更好看。

經紀人

負責管理工作室旗下的藝人行程。

從「喜歡」延伸工作的廣度更大

上一頁介紹除了足球選手，還有什麼工作能實現「喜歡足球」的心情。以下繼續為各位介紹「喜歡」的周圍還有各式各樣的工作。

除了漫畫家外，還有什麼工作能實現「喜歡漫畫」的心情呢？首先是進出版社工作，成為漫畫的編輯。編輯不一定要具備畫漫畫或構思故事的能力，只要了解大量的漫畫，知道該怎麼做才能讓其所負責的漫畫家畫出更有趣的作品、該提出什麼建議才能讓漫畫賣得更好就行了。還有書本的設計師這項職業。書本設計師的工作是構思、設計單行本的封面，好讓名稱和封面更符合作品的世界觀。名稱和封面如果設計得好，漫畫也會賣得更好，所以是很有成就感的工作。也可以當書店的店員，負責漫畫賣場，介紹自己推薦的漫畫，吸引更多人購買，不覺得這樣也很有成就感嗎？

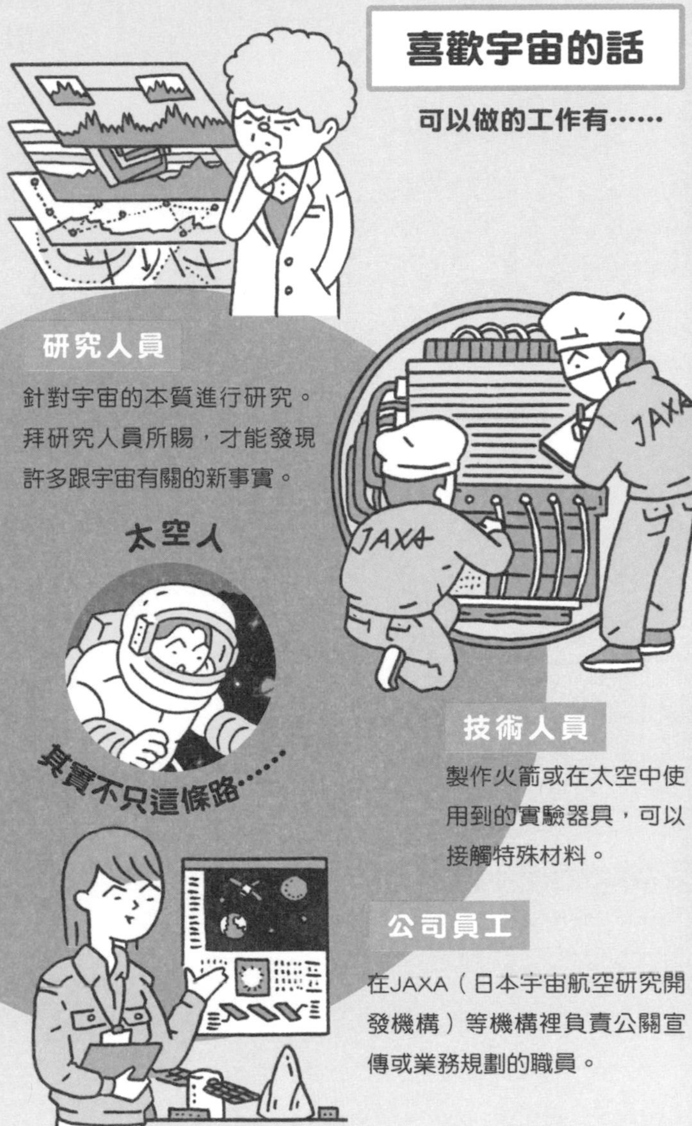
喜歡宇宙的話
可以做的工作有……
研究人員
針對宇宙的本質進行研究。拜研究人員所賜，才能發現許多跟宇宙有關的新事實。
JAXA
JAXA
太空人
其實不只這條路……
技術人員
製作火箭或在太空中使用到的實驗器具，可以接觸特殊材料。
公司員工
在JAXA（日本宇宙航空研究開發機構）等機構裡負責公關宣傳或業務規劃的職員。

「喜歡綜藝節目」和「喜歡天文或宇宙」的周圍也有各式各樣的工作種類。**鎖定從喜歡事物直接聯想到的工作固然很不錯，但是研究還有哪些相關工作，有時候也會意外發現「某份工作好像更有趣」。**進行多方研究讓你的世界更開闊。

喜歡烹飪料理

的理由是……

喜歡循序漸進、按部就班的人

報考大學之後，選擇踏上研究人員的這條路也不錯。這是一面想像下一步該怎麼走，一步一步累積研究成果的工作。

喜歡自己製作成品

在企業從事商品開發工作，也是一種選擇。因為這是能將自己想做的東西或認為「要是有這個就好了」的想法具體成形的工作。

不妨深入思考「喜歡的理由」

針對自己喜歡的事物，深入思考「爲什麼喜歡？」和「喜歡的原因」可能會發現，自己喜歡的工作與適合自己的工作完全是兩回事。

詢問喜歡做菜的人為什麼喜歡料理？每個人的理由可能都不一樣，有人是因為喜歡創作，有人是因為想看到別人吃下美味的食物時露出喜悅的表情，有人是喜歡使用烹調用品等等。如果是「喜歡按照

喜歡遊戲
的理由是……
喜歡戰略
或許很適合思考公司的經營方針、銷售策略的工作。
喜歡故事裡的世界
角色扮演遊戲是以充滿魅力的世界觀及故事為基礎構成，受到上述世界觀的影響，未來可能想要自己創作故事、成為小說家或漫畫家也說不定。

食譜製作，享受成品逐漸完成的過程」的人，或許很適合從事研究人員的相關工作，能循序漸進、按部就班地讓自己的研究一步一步開花結果；如果是「喜歡在調味下工夫」的人，或許比較適合能自由發揮個人創意，為企業進行開發商品的工作。

由此可見，**思考「喜歡的原因和真正感到有趣的地方是什麼？」非常重要。**「喜歡做菜，所以想成為廚師或想從事與做菜有關的工作」的想法也沒錯。不過深入思考為什麼喜歡的話，或許會發現讓自己感到喜歡或有興趣的本質是什麼。從本質來思考，比較容易找到你想從事的行業與工作。

去思考不同事物讓自己產生喜歡、興趣或開心的理由，未來就能擁有更多的可能性，方向也會變得更加具體。

3-2 從「擅長」的事物找到工作的方向

擅長的事物有助於我們找到適合自己的工作

前面的章節提到如何從自己喜歡的事物思考將來要做什麼工作，接下來要帶大家從自己能做的事、自己適合的事來思考將來選擇工作的方向。先前提過「工作是為了幫助別人」，意思是說，**工作是做自己擅長的事來提供幫助、做符合自己性格的事來對社會做出貢獻。**

你擅長什麼？每個人擅長的領域都不一樣，有的人運動很厲害、有人善於構想有趣的點

擅長寫作

成為小說家

擅長用文章表達自己想法的人或許可以立志當小說家。雖然都統稱為小說家，但小說其實有很多種，例如推理小說或科幻小說等等。

成為大學老師

研究專業領域，將成果寫成論文發表。也要指導學生該怎麼寫論文，對於擅長寫作的人，可以說是很適合他們的職業。

擅長逗大家笑

從事業務工作

業務工作是推銷產品或服務等，讓客戶購買。能夠逗人發笑在從事業務工作時，將成為相當大的武器。

成為搞笑藝人

目前進入由經紀公司開設的藝人養成學校學習的人有逐年增加的趨勢。他們會參加選秀活動，以能上搞笑節目表演為目標。

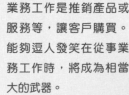

子、有人精通繪畫。另一方面，也要找到自己個性上的優勢，例如有的人天生具備領袖風範、有的人心思縝密，能探究各種事物、有人則願意做別人不想做的事。

對於認為自己沒有任何的「長處」或「優點」的人來說，這兩個字眼的門檻太高了。不妨先從把「這件事可以比別件事做得好」視為長處，把「某個部分表現得還不錯」視為優點開始。**千萬不要過度貶低自己，也不要覺得自己比不上別人，而把內心封閉起來。**封閉內心、否定自己是很不好的行為，會抹滅自己的天分。只要好好地打磨自己的長處和優點，遲早有一天能夠發光發熱。

擅長英語

成為翻譯

迅速的將兩種語言替換、轉換，將外語翻成中文或將中文翻成外語，負責讓溝通能順利的進行。

成為導遊

進入旅行社工作，照顧去國外旅遊的團體客人。帶大家觀光，或是處理機場、飯店發生的糾紛，都需具備英語能力。

在飯店工作

來自海外的觀光客越來越多，要在飯店工作，語言能力就顯得格外重要。

擅長製作

成為工業設計師

設計文具或家具、汽車等工業產品。通常會進生產工業產品的公司工作。

成為木工

這是自古以來就有的工作，但也必須不斷的學習最新的技術，例如用CAD（電腦設計軟體）製圖等等。

妳的聲音很好聽，
從事與唱歌相關的
工作一定能成功！

要當配音員
或播報員？
還是音樂劇演員呢？

留意旁人的稱讚，就能一步步發現自己的長處

前一頁介紹了要找出自己擅長的事或優點時，有什麼心理上的訣竅。有時候身邊的人也會告訴你，你的長處在哪裡。

當在別人面前表現才藝時，是不是曾經受到好評，像是朋友說你「講解得淺顯易懂！」或老師稱讚說「總是打掃得很乾淨呢。」

說明得很好，也許是因為善於講話技巧，或是擅長思考如何以簡單明瞭的方式表達；若能夠打掃很乾淨，也表示有把事情做到盡善盡美的個性或能力。

也許是在做那些事情的時候，只是不自覺的行為，但是身邊的親

妳總是照顧好弟弟，
很懂得為別人
著想呢！
妳上次國文課的
作文寫得很好喔！

幼教老師或看護的
工作適合我嗎？
我適合寫作的
工作嗎？

友都會注意到。所以經常是聽別人提起，才發覺到自己的特別之處。**如果是在與別人相處的過程中，發現自己長處和優點，往後在出社會工作與其他人接觸的時候，應該也能自然地發揮所長。**在思考自己未來想從事什麼樣的工作之餘，不妨也將這些來自旁人的評價時刻放在心裡，作為給自己的參考依據。

將自己的缺點變成優點

以優點是「雙手靈巧」的人為例，能從事服裝設計或縫製之類的工作，或是成為組裝零件的機械技師、工程師等等。如果優點是「算術很快」的人，適合去銀行或證券公司，從事與操作資金或股票有關的工作。從小就知道自己的優點，再把優點發揚光大的話，也有助於培養自信。長大之後進入職場和社會，這項優點很有可能會成為自己的強大武器。

相信各位都已經很清楚發揮所長對將來很有幫助，但若是缺點又該怎麼辦呢？

或許有很多人都認為有缺點是件不好的事，應該想辦法改善或修正。但優點與缺點，其實是一體兩面的關係，例如缺點是「沒定性」

缺點
任性又自私
可是……
走這邊才對！
優點
具有領袖風範

雖然是眾人眼中任性又自私的人，不妨努力加強與周圍的協調性。當大家都有自己意見又難以抉擇時，這時能獨排眾議，發揮領導特質，就能成為英雄。

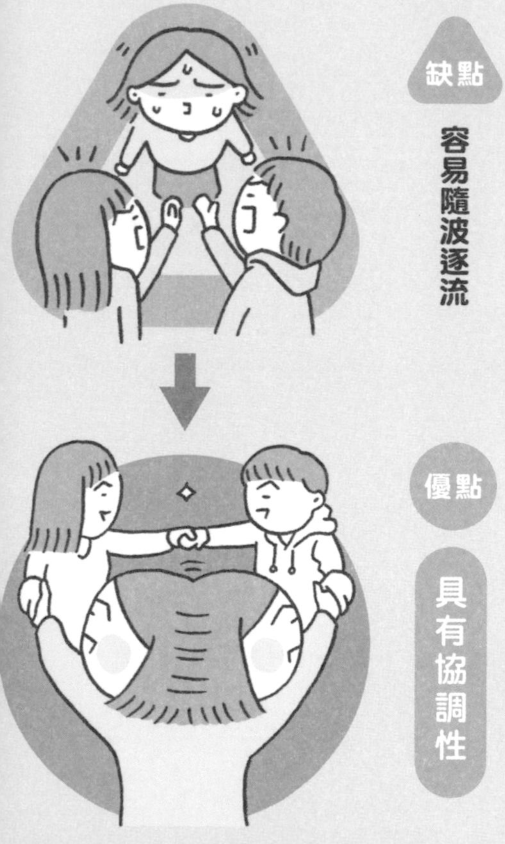
缺點
容易隨波逐流
優點
具有協調性

容易隨波逐流的人，通常也善於去傾聽周圍聲音，然後再整合成更好的意見。如果也能提出自己想法，或許就能協助做出自己和他人都能接受的結論。

的人，同時也具備「好奇心旺盛」的優點。

受到爸媽或兄弟姊妹、學校老師等生活周遭的人責罵時，等於是直接指出自己缺點「你就是這點不好」。當然要懂得反省，但也能將缺點變成自己的人格特質。**稍微下一點工夫，改變看事情的角度，或許能變成討人喜歡的個性。**這邊列舉出了幾個將缺點變成優點的例子，也提供給讀者參考。

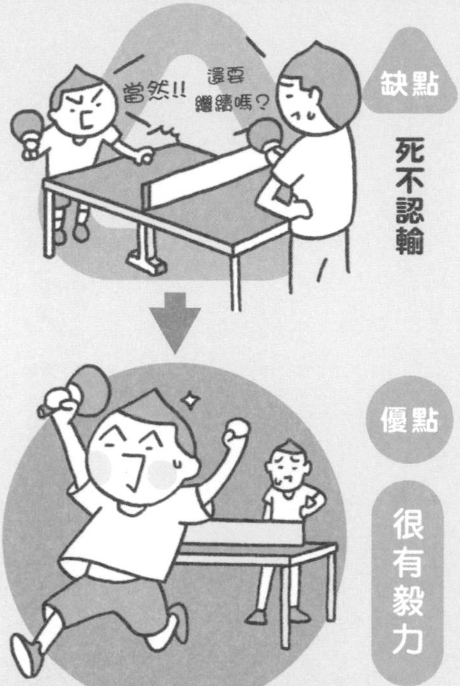
缺點
死不認輸
當然!!
還要繼續嗎？
優點
很有毅力

即使被勸說放棄，依舊不願放棄的人，也能說是很有毅力。努力直到最後一刻的態度可能也會帶來成功。

缺點
雞婆
姊姊～不要擅自整理人家的房間啦！
優點
體貼

常被認為是雞婆、愛管閒事的話，就算想幫助他人，也要尊重對方的自主性，聽取對方的想法和意見。如此提供協助才會受到大家的喜愛。

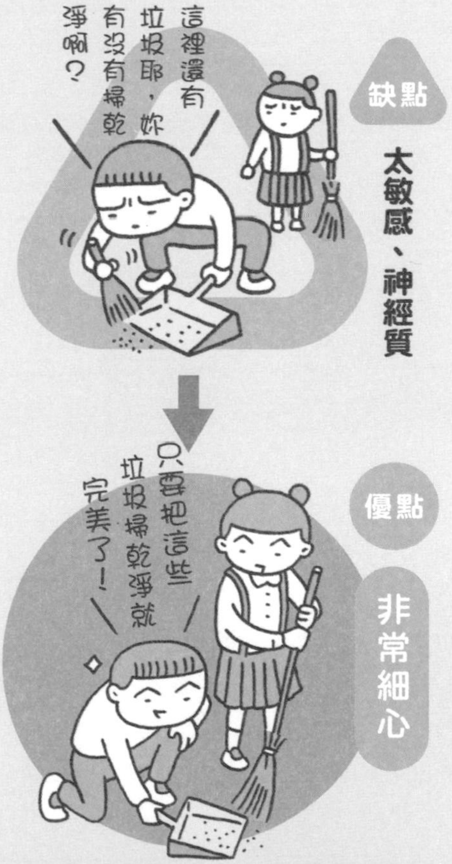
缺點
太敏感、神經質
這裡還有垃圾耶，妳有沒有掃乾淨啊？
優點
非常細心
只要把這些垃圾掃乾淨就完美了！

如果是較為敏感的人，也能學習如何把自己察覺到的問題好好的傳達出去。這樣對方也會感謝你留意到的細節，也讓事情進展得更加順利。

3-3 如何找到想做的工作？

還沒有想做的工作也沒關係

前面的章節為各位說明了如何找到自己「喜歡」或「擅長」的事，與將來的工作產生連結。然而，應該也有人「還找不到想做的工作」、「還不清楚想從事什麼職業」。和已經有將來的夢想和目標的朋友比起來，可能會覺得「自己真沒用」也說不定，其實大可不用這麼悲觀。

小學生和國中生的行動範圍還很狹窄，還不清楚世界上有哪些工作，也還不懂社會的架構。**長大以後，行動範圍會越來越大，能靠自**

幼教老師B小姐
對於未來，我其實有很多迷惘。我在大學學的是社會工作，在學中想成為幼教老師，所以去考了證照。雖然工作很辛苦，但也很有成就感！
燕子 貨運
沒有特別想做的事，但是還滿喜歡開車，所以目前從事宅急便工作。
物流司機A先生
本來想得很天真，將來繼承老家開的餐廳就好了。可是去上了烹飪學校，吃過許多苦，才意識到這份工作有多麼了不起。所以我不想只是順理成章地繼承家業，而是想為了讓吃的人露出笑容繼續努力。
正在餐廳當學徒的C先生

己完成的事也會越來越多，會越來越明白世上的一切，找到自己想做的事，所以根本不用著急。

從小學生變成高中生的過程，身心都會有顯著的成長，即使一度找到想做的事，也經常改變主意，轉而對別的事產生關心或興趣。對自己的將來感到迷惘或變更路線，說是在決定自己未來該怎麼走的必經之路也不為過。

工作得有聲有色的大人看起來好像從小就有想做的事，不曾迷惘過就找到現在的工作，事實上，幾乎所有人都是從不知道該做什麼才好的狀態，在黑暗中摸索前進。**絕對沒有「很早發現自己想做的事就很厲害、找不到想做的事就很糟糕」這種說法。**即使現在對將來還沒有明確的目標，只要誠實地面對自己，總有一天會知道自己想做什麼。

實際詢問工作的人……

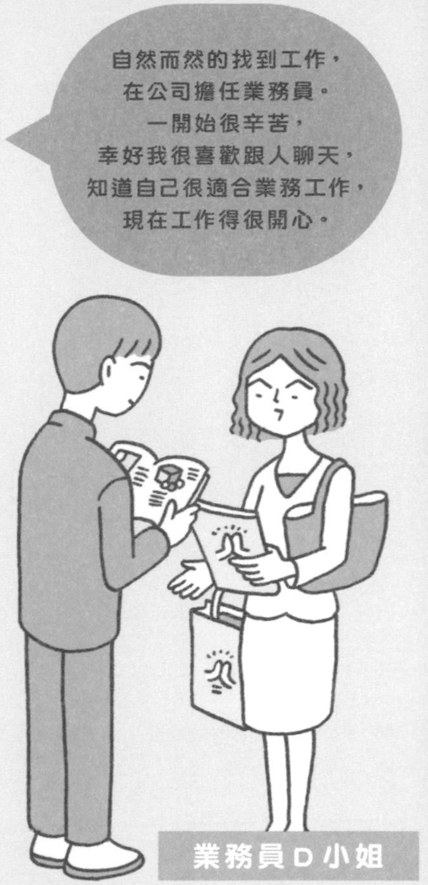
自然而然的找到工作，在公司擔任業務員。一開始很辛苦，幸好我很喜歡跟人聊天，知道自己很適合業務工作，現在工作得很開心。
業務員D小姐

大學畢業後，原本在科技公司上班，因為結婚對象的老家經營農業，我們一起回他的老家，開始務農。農業其實充滿了創造性，像是開發新品種等等，我做得很開心。
在農家工作的E太太

我小時候想當太空人，現在卻在建設公司上班。我原本就很喜歡操作機械，所以很喜歡這份工作。
在建設公司上班的F先生

開啟自己想做什麼工作的雷達

前面說過，即使還不知道想做什麼工作也不用著急，但也不能完全不思考未來的事，沒有採取任何行動。以下是為了找到想做的工作，關於要怎麼打開搜尋雷達的建議。

首先是閱讀與就業有關的書，例如《新工作大未來：從十三歲開始迎向世界》就是介紹各行各業的書籍，看了這本書，可以了解世界上有各式各樣的工作，有各式各樣的方式可以對社會做出貢獻。此外，**也能閱讀與工作有關的漫畫或小說**。書裡加入推動故事的角色，有助於了解各行各業背後的喜怒哀樂，想像工作的樣子。從書中裡認識某種職業，進而以從事該行業為目標的案例也屢見不鮮。

收看貼身採訪，並將社會上有成就的人物做成紀錄片的電視節目，也是一種好方法。藉由了解那些人工作時的態度、對工作的想法等等，也能對找到自己想做的事，有很大的幫助喔！

最重要的是，**日常生活中如果有什麼會感到「有點好奇」或是「好像很有趣」的事，就要去研究那件事背後牽涉到什麼樣的工作。**

舉例來說，要是有想法冒出：「便利商店有賣我喜歡的零食，超級市場卻沒有，為什麼呢？」就必須去查資料或問大人。了解過後得知，是因為零食公司負責行銷的人認為「年輕人應該會喜歡這項商品，所以比起超級市場，決定以便利商店為主要的銷售管道」。這麼一來，或許對行銷*工作產生有興趣的想法喔！在經歷過這樣的探索過程，【好奇】→【調查】→【好有趣！】就能慢慢找到自己想當成工作來做的事。

每個人覺得有趣的事、感興趣的事都不一樣。要是你的雷達感應到什麼職業或事物，請相信自己的直覺，進行調查。

*行銷指的是為了賣出商品進行市場調查，擬定販賣或宣傳的策略。

觀賞電視節目

警察24時

有些電視節目也會介紹各種工作，播出非常帥氣的畫面，緊緊抓住觀眾的心。就跟看書一樣，一旦產生興趣，就動手進行研究。

看書

整理出各行各業的職業介紹書或與職業有關的小說等，對於認識自己還不清楚的世界非常有幫助。也可以利用網路或其他書籍仔細地研究自己感興趣的職業。

研究感興趣的事物，背後牽涉到什麼工作？

請珍惜透過自己的雙眼見證、真的打從心底感興趣的事物。請相信自己的直覺，研究自己在日常生活中感興趣的事物背後有些什麼樣的工作。

設計保特瓶的形狀是誰的工作？
這個保特瓶的形狀好有趣。

我好喜歡這支廣告……
CM
廣告是誰做的？

一旦找到想做的工作，就得了解「如何就業」

一旦找到想做的工作，請試著研究該怎麼做才能從事那份工作。舉例來說，假如想從事製作玩具的工作，就得研究如何進玩具公司上班。

如果要進玩具公司等一般的企業上班，首先要經過面試。先上網查自己想要進去工作的企業怎麼徵人，有些企業會要求一定要大學畢業，也有的企業會提供給高中畢業的新人與大學畢業的新人不同的職位。至於比較知名的企業，應徵人數可能是錄取名額的一百倍以上。

○○大學開學典禮
上大學
我的學生時期……
求職
進入企劃部

想成為玩具設計師

雇用員工的標準依公司而異，如果要求一定要大學畢業，那就必須先上大學。其次是去想工作的公司面試。即使順利進入公司，也不見得馬上就能從事設計工作。

想成為大學教授

先要上大學，打好基礎。其次再攻讀研究所的碩士課程、博士課程，邊研究邊把自己的點子寫成論文發表。然後再找工作，成為大學教授。

就讀大學
碩士課程
博士課程
我研究的意義是…
求職

想成為服裝設計師

大部分的服裝設計師都會先進專科學校就讀，學習基本的知識及技術，再找到與服飾有關的工作，進公司上班。等到累積經驗，有了一定的實力，就能自立門戶。

進入專業學校就讀

我想設計出好看的衣服
求職
任職於成衣公司

獨立

要先通過面試，才能在那家企業工作。

不同的職業會有不同的「就業方法」。如果有想要從事的職業，就要去研究需要有什麼樣的經歷或專長，才能從事那個職業。另外，需要的資格與學歷也不一樣。**如果有不止一種想從事的職業，就得努力讓自己符合那些職業所要求的條件。**

進大學工作

新鮮人的集體面試，現今是否適用？

日本大部分的企業過去都以即將從高中或大學畢業的學生（稱之為「新鮮人」，日文為「新卒」，亦即「應屆畢業生」的意思）為對象，每年開放一次徵人機會，此制度稱「新卒一括採用」，是日本獨特的企業文化。不過，此制度也存在著想比別家更早獲得優秀人才的企業與日俱增、已經大學畢業的人很難找到工作的問題，因此開始有人呼籲要重新審視這種制度。

2022年度
新人面試

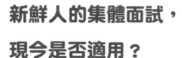

3-4 無法將興趣變成工作？

即使無法馬上從事想做的工作，現在的經驗也一定能運用在想做的工作上。請不要失去對工作的熱情，先努力做好眼前的工作。

只靠「喜歡」和「想做」，是無法支撐工作的

從「喜歡」或「擅長」、「想做」的角度來找工作固然重要，但光靠這些熱情，工作無法成立。思考自己想做的工作時，很容易只看到快樂的一面或開心的瞬間，但那些部分只是工作中極小的片段。工作其實有很多枯燥乏味又麻煩的作業，也經常有挨罵或不得不道歉的時候，所以一定要忍耐。如果不了解這一面，很容易因為「跟想像的不一樣」產生辭職的念頭。

即使如願進入想進的公司，也不見得一定能分發到想去的單位。

就算有想做的事，工作環境可能也非常糟糕。這時或許正好可以藉機思考自己工作與生活的平衡。請重視自己的價值觀，重新審視自己的工作模式。

那是因為公司希望你能先努力完成公司給你的任務。而且就算進入想進的單位，因為經驗還不夠，可能也無法展現實力，起初只能做一些打雜的工作。

無論是什麼樣的工作，最好都不要以爲能馬上實現「喜歡」或「想做的事」。請把眼光放遠一點，先從拚命做好眼前工作開始。一旦做出成績，得到主管及同事的信賴，就比較容易實現「喜歡」或「想做的事」。

另外，也有可能以為能做喜歡的事，進到公司才發現工作環境令人十分痛苦的情況。有人會基於「喜歡」或「想做」的心情，繼續承受，但也有人被環境折磨得身心俱疲，苦不堪言。因此就算有想做的事，也要考慮到工作與生活的平衡，重視自己的生活與價值觀。

有時候，把自己的「喜好」偷渡到工作裡可以產生加乘效果。只有那個人才有的加乘效果有時能讓工作成功。

把「喜好」運用到工作

數學
如果能和那個深受小朋友喜愛的品牌合作參考書的話……

國文
數學

「喜好」也能和工作產生連結

即使無法把喜歡的事變成工作，**也能另下工夫，讓喜歡的事與工作產生「連結」**。「喜好」是表現個人風格的方式之一。藉由讓「喜好」與工作產生連結，就能發揮獨特的風格，完成別人無法模仿的工作。

SHU-KATSU FES!!2022
在會場同時舉辦各種活動的方式，也能運用在我們家的說明會上。

以喜歡打扮，對時尚圈充滿興趣的G小姐為例，她的工作其實是編輯給小學生看的參考書。在構思新的參考書企劃案時，G小姐想到的是「如果我是小學生，我會想要一本時髦的參考書」。於是G小姐與流行品牌合作企劃參考書，賣得非常好。

喜歡音樂的H先生在某家企業的人事部上班，他想要舉辦一場有趣的就業說明會，吸引更多學生去他們公司面試。於是他採取像搖滾音樂節那樣，同時有不同的樂團在各個舞台演唱的方式，在就業說明會上同時進行好幾種企劃，讓參加的學生任意走動，到處參觀。這場不同以往的就業說明會引起了廣大的迴響。

如此這般，有人把「喜好」融入到自己的工作裡，大獲成功，也有人把「喜好」發展成工作。舉例來說，像是在部落格發表自己寫著玩的小說，或是參加新人獎，結果出版成書，變成作家。或者興趣是每週去參觀日本城，將心得寫在部落格，登在雜誌或電視等媒體上，結果成了評論家。雖然不常見，但是從「喜好」散發出來的光與熱，有時候真的會改變人生。

這裡介紹了一些將「喜好」與工作產生連結的例子，最重要的是希望大家都能重視自己「喜歡」或「想做」的事。**「喜歡」和「想做」是你吸引人的個性之一，具有讓你的人生閃閃發光的力量。**

因為喜歡而樂在其中的事，可能也會變成工作。只要勇於發表自己的想法，有時候也會發生這樣的奇蹟。

將「喜好」鑽研到極致

長大之後，也要繼續「尋找想做的事」

不實際做做看的話，不會知道那份工作到底適不適合自己。

開始工作以後，才找到比現在的工作更想做的事、或是「以為想做才去做」的工作，真實做了之後發現並不適合自己等，諸如此類的情況比比皆是。當然，就算有點不太滿意，「因為好不容易找到的工作」而繼續做下去也不是壞事。但是如果覺得不太滿意，還持續的話，精神上可能會很痛苦。若是在有好幾個部門的公司，可以提出調動部門的要求。如果更想挑戰新事物、到新公司闖闖看，也可以辭去原來的工作，轉換跑道。

從小學到高中這段期間，

我覺得這次一定會大賣！
...
清庫存
半價!!

食品公司的企劃部

為了讓家裡有小孩的人也能好好工作……

調到同公司的人事部

以調部門的I先生為例

有幸進入從小就喜歡的食品工廠上班，也分發到想去的企劃部，但是遲遲無法設計出暢銷的產品，因而喪失自信，向公司提出調部門的要求，現在在人事部工作。與公司內外的人討論「該怎麼做才能打造出讓所有人都能放心工作的公司」，思考新的人事制度。如今工作上充滿了成就感，能充分感受到自己是為了公司同仁在努力。

就算想到「將來想從事什麼樣的工作」，通常也不會考慮到更遠的事吧，總覺得找到工作就是終點。然而，**找到工作以後的人生還很長**，即使長大以後開始工作，也會一直自問自答「什麼是自己想做的事」、「自己要怎麼工作才能得到幸福」。所以不妨先做好心理準備，就算找到別的想做的事，**覺得工作選錯了，也可以重新再來過。**

失靈的終身雇用制

從進公司到退休那天都由同一家公司雇用的「終身雇用制」在日本被視為理所當然的制度，因此以前很少有人會換工作。然而，還以為錄取後就能待一輩子的大企業如今也會破產，業績不好就會被裁員的企業越來越多，終身雇用制已經逐漸失去作用了。

台灣方面，在2005年7月之前職場的話，因舊制規定必須在同間工作任職滿25年、工作15年以上並年滿55歲，或者工作10年以上年滿60歲等三種情況，才可以領到退休金，導致許多人不敢輕易轉換工作。但隨著新制度於2005年7月更新，勇於換工作的人也更多了。

電視節目的製作公司

轉職設計網頁的公司

以換工作的J小姐為例

以前在製作電視節目的公司上班，工作固然充實，但是不只太過忙錄，且薪水也不高，最後把身體搞壞了，因此決定辭職。目前在設計網頁的公司上班，把從上一份工作得到的影音知識運用在工作上。薪水也稍微多了點，現在能取得工作與生活的平衡，感到非常滿意。

3-5 工作充滿了夢想

把工作變成「喜好」

　前面章節為各位說明過「依自己的喜好找工作」、「從工作找到想做的事」。那如果是無法將「喜好」變成工作的人、無法從事自己想做的工作該怎麼辦呢？難道每天都要悶悶不樂地認為工作很無聊，但又非工作不可嗎？才沒有這回事，每一份工作都有喜悅及快樂的地方。

　以下為各位介紹幾個工作時會讓人感到喜悅、快樂的瞬間，也可

商品企劃（家電）
我隨時都在思考大家需要什麼樣的家電，休息時也經常去家電量販店觀察店裡賣的商品。努力的結果是最近總算設計出暢銷的產品了。我很高興自己的想法能被世界上許多人接受且需要。

業務
業績是整個部門的第一名，受到公司表揚時真的很開心。因為我每天都在思考要怎麼讓客戶了解我們的商品，怎麼把東西賣出去等問題，所以很開心公司及同事都能肯定我的努力與成長。

獸醫師
從事這份工作最令人開心的莫過於得到飼主的感謝。動物不會說話，所以飼主會非常不安，我的工作就是幫他們翻譯。靠自己的知識及技術拯救動物的時候，也能同時得到成就感。

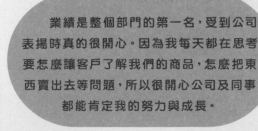

以直接問你身邊正在工作的大人。

工作上感到喜悅、快樂的瞬間，主要是被人感謝、被人需要、被人稱讚的時候。在第一章提到過「工作是為了幫助別人」，人類是一種在幫助別人時會感到喜悅的生物。或許也有人會覺得「工作好辛苦、好吃力」，但工作絕不是只有辛苦和吃力。只要能覺得自己幫助到別人、有人需要自己，就能以充實的心情工作，就能對工作產生「喜歡」的感覺。

煙火工匠
我是繼承家業進了這一行。這份工作最大的喜悅莫過於聽到觀眾的歡呼聲。煙火升空以前需要非常多準備，最後還得看天氣及運氣的臉色。克服各種難關換來的歡呼聲比什麼都珍貴。
店員
我們公司販賣的是智慧型手機和行動電話，有很多客人對智慧型手機還不熟悉，所以我要盡全力講解到他們能明白。偶爾聽到客人說：「講解得很清楚，謝謝妳。」感覺努力終於有了回報，很令人開心。
我從以前就很會畫畫，所以才進這一行。我的工作主要是與出版社合作，也有人看到我畫的插圖主動發案子給我。因為拿手的插畫被許多人需要，真的很開心。
謝謝
這本書的插圖畫得好棒！
插畫家

進入職場以後，也要繼續追夢！

前面介紹過哪些是工作時會讓人感到開心的瞬間。一旦有了這樣的經驗，看待事情的角度、想法，以及價值觀也會產生變化。**工作能讓人在精神上得到大幅度的成長。**不是只有小孩才會成長，即使已經長大成人，**不管到了幾歲都還能繼續成長。**

透過工作認識各式各樣的人，經歷過各式各樣的事，就能看清自己今後該怎麼工作、從事什麼樣的工作才能讓自己得到幸福。這也可以說是開始工作以後才找到的夢想。以下帶大家看幾個開始工作以後才找到夢想的例子。

利用知識帶給孩子夢想

在鐵道公司工作的第2年

高中畢業後，進鐵道公司工作，每天就只是站在車站的驗票閘門前。原本以為這工作想必很輕鬆才進入，根本沒有思考過工作的理由，也沒有任何電車的知識，要是有客人問我難以回答的問題就推給前輩。

有一天，我跟平常一樣站在驗票閘門的時候，有個小男孩問我特快車什麼時候發車，我告訴他時間以後問他：「你喜歡電車嗎？」他回答：「嗯！超喜歡！我想變得跟什麼都知道的大哥哥一樣。」

這時我才意識到，即使像我這副德性，不知不覺間也受到小朋友的崇拜了。從那天起，我開始不想讓孩子看見我窩囊的樣子，開始產生「不能老是依賴前輩，不能永遠都處於一知半解的狀態」的心態。

我現在也在車上擔任車掌的工作，希望孩子們看到奔馳的電車時能覺得「好酷啊！」這就是我工作的理由，也是我的夢想。

想讓大家知道 養雞是一件快樂的事

養雞業第20年

養雞的工作就是把雞養大、讓雞生蛋、賣雞蛋。繼承家業養雞對我來說是順理成章的人生道路，也覺得這工作是我的義務。正當我不曉得這行得幹到什麼時候，在某個活動會場遇到一位藝術家。看到他靠自己的力量帶給家人和周圍的人快樂，開始思考我們之間到底差在哪裡。

當我意識到，如果我無法感受到自己現有的幸福，肯定永遠都不會幸福。也終於開始認真思考養雞這件事。工作要怎麼做才會有趣、這份工作有什麼的價值……想到後來，我試著企劃可以接觸到小雞的活動和參觀養雞場的活動。來玩的客人當然不用說，就連養雞場的同事也樂在其中。自己的點子可以讓人感動、快樂的瞬間真的很開心。我認為這就是我在這裡工作的價值，從今以後也想透過養雞讓人感到快樂。

找到自己的 容身之處

在保險公司上班第1年

大學畢業後進入保險公司工作，開始負責販賣車險。事實上，找不到夢想、抱著可有可無的工作才是我的真心話。大學生活每天都很充實，精神上感到十分滿足。可是隨著就業環境的變化，覺得生活似乎失去平衡了，感覺在公司裡找不到自己容身的位置。

因此在工作時，我滿腦子都只想著要如何埋頭苦幹，讓其他人看見我的努力。現在從顧客口中聽到感謝或是「能由你負責真是太好了」的話，都讓我很有成就感。自己的工作得到顧客的肯定，果然很開心。

我希望能累積這種經驗，有朝一日能說出現在比在大學讀書的時候更快樂，想讓自己更有自信，就要先在職場上面找到屬於自己的容身之處，好讓大家都能認同我的工作。

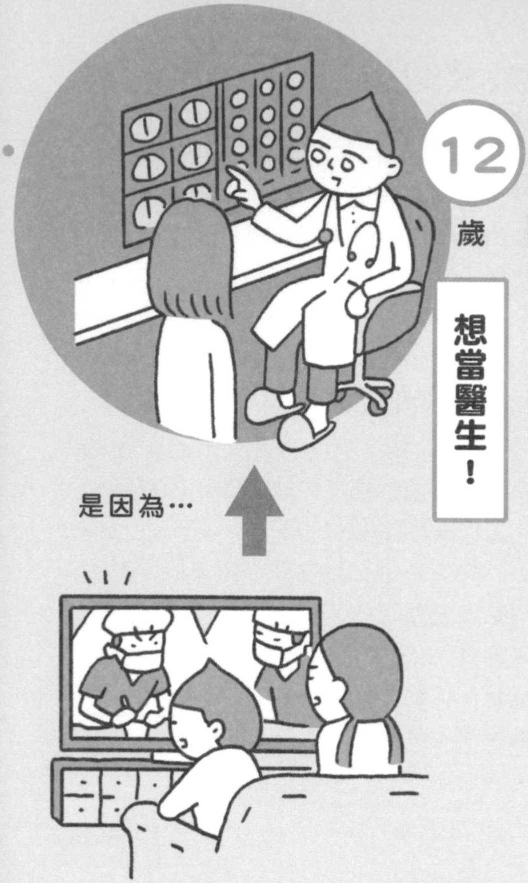

看了姊姊在看的連續劇，覺得治好疑難雜症、被人感謝的醫生很酷，決定也要努力用功讀書。

父母都是足球迷，還曾經加入當地的少年足球隊，放假的時候，只要有時間就和朋友一起踢足球。

夢想可以「一變再變」

請想像你現在喜歡的東西，無論是運動、烹飪甚至是朋友，什麼都可以，請問你五年前也喜歡那些東西嗎？五年的時間，你可能又喜歡上一些新的東西。喜歡的事物、感興趣的事物會隨成長逐漸轉變，將來及想做的事、所謂的夢想也會隨之改變。世界是一直在變化的，**所以夢想及想做的事會變來變去也沒關係。**

只是剛好因為父母都是足球迷，和朋友一起踢足球，將來也想成為足球選手。只是剛好在學校的美術課，畫的圖被老師稱讚，開始想成為一名漫畫家。幾乎所有想做的事或夢想都是從偶然開始，或受到周圍的影響。

不管是已經有想從事的工作，

會遇見什麼樣的夢想呢？

? 歲

?

16 歲

想拍電影！

是因為…

曾經去看過電影的拍攝現場，覺得進行拍攝工作的人非常耀眼，自己也想從事跟電影有關的工作。

什麼是「天職」？

會讓人想一直做下去、做得很開心的工作就是那個人的「天職」。英文有種說法是calling（呼喚），是象徵著人會從事某份工作，就像受到上天的召喚那麼自然。或許有人覺得這是一種怪力亂神的說法，但光想著喜歡的事或想做的事，也不見得能遇見自己的天職，所以需要一點機緣巧合的引導，這點倒是沒說錯。或許屬於你的天職就在你不知道的地方等著與你相遇。

還是尚未找到夢想的人，希望閱讀本書的大家都能經歷各式各樣的偶然，不斷找尋新的夢想。像是閱讀父母或老師推薦的書籍、去參加朋友邀約的活動，不要只顧著自己喜歡或感興趣的事，**請對各種不同的事物都抱持著好奇心，勇敢踏出第一步。**這麼一來或許能找到新的夢想或想做的事。

一旦找到夢想或想做的事，就要努力實現。假設過了一陣子又找到其他夢想，到時候再朝著實現的方向努力就好了。**爲夢想努力的經驗會累積下來，變成你人生中珍貴的財產。**夢想並不是無法實現就沒有任何意義，那些過程都是讓你的人生變得更豐富的養分。

你的未來還沒有定案，請不要緊抓著一個夢想不放，盡可能多追尋一些夢想，拓展你人生的無限可能性。

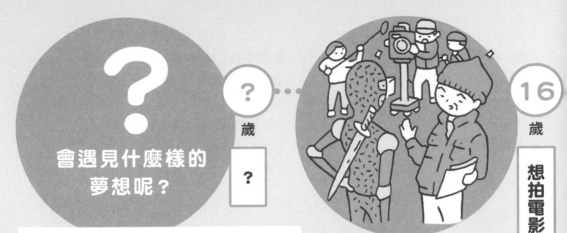

6歲的時候和家人一起
去墨西哥旅行時遇到的小女孩
是我夢想的起點。
她光著腳
走在滿是垃圾的路上，
希望有人願意給她一點錢。
我想打造出一個就連那些孩子
也能活得眼神充滿光彩的社會，
所以進現在的公司上班。
（證券公司職員 30歲）

我小時候由外婆帶大，
所以一心想從事
社會福利的工作，
我的夢想是
「永遠照顧我最愛的外婆」。
來這家公司面試那天，
我的外婆去世了，
但我現在有60位外婆。
我認為是現在的工作
讓我有機會回報
外婆在我小時候帶給我的歡樂。
（社工 27歲）

出社會過了大約2年的時候，
由我負責照顧的3歲小女孩對我說：
「等我長大以後，
我想變成大姊姊這種人。」
那句話成了我的夢想。
我的夢想就是成為她口中
「想成為」的自己。
（幼教老師 27歲）

學生時代打工的時候，
看到有些車都沒有保養，
看起來可憐兮兮的。
所以我的夢想就是成為修車工人，
想把那些車修好。
（修車工人 24歲）

因為聽到許多讀者說「謝謝」，
我開始覺得「要是這本雜誌能讓人
稍微開心一點就好了」。
這是我工作了七年之久，
好不容易找到的夢想。
（雜誌總編輯 35歲）

聽聞講求安全、
無農藥栽培的咖啡豆
被不公平交易時，
我希望生產者的信念能受到
公平的對待，基於這種想法，
我在24歲的時候與朋友一起開了家
保障公平交易的公司。
（咖啡烘焙師 32歲）

「兩家店開在隔壁，一起工作」。
知道同樣是理髮師的爸爸
有這個夢想之後，
我對工作的態度就變了，
變成想為爸爸和家人努力。
事到如今，
爸爸的夢想已經是我的夢想了。
（理髮師 22歲）

第4章

什麼是幸福的工作？

在學文館書店廣島西店的職場體驗，到今天已經是第五天，也是最後一天。
歡迎光臨！
11月16日
這五天以來，我了解到許多在書店工作的實際內容。
每天都要拆箱大量送來的書本。
將新書上架，撤下已經過宣傳期的書。
第4話
快樂工作的人都在意哪些事
搜尋其他分店販賣的書本資料。
為了多賣一點書，還得製作宣傳小卡。

你好，我想買今天報紙上提到的這本書。
好的，請跟我來。
接待來找書的客人。
除此之外還有很多事要做，這些讓我們了解到……為了讓客人能輕鬆買到書，在書店上班的人每天都很努力工作。
在這裡喔。
哦，我瞧瞧！
工作雖然很辛苦……
謝謝你呀，年輕的小帥哥。
但是也很高興能幫上別人的忙，會讓人想要繼續努力。
鞠躬
謝謝光臨！

大家辛苦了，下午也要繼續麻煩你們囉。
開門
好的！
這個人是店長澤田先生，親切的招呼第一次工作的我們，緩解我們的緊張，是位非常好的人。
嘿咻
可以跟你們一起吃嗎？
今天是你們最後一天對吧？對書店的工作有什麼感想？
真的很辛苦……
哈哈哈！妳很老實呢，不只我們家的工作，所有的工作都很辛苦喔。

不過，工作的時候……
就是因為偶爾也會發生令人開心的事情，才能一直努力下去。
請、請問澤田先生為什麼會想要來書店工作？
真是個好問題。
我進這家公司工作已經十年了，
以前在別家公司上班。
大學畢業後的第一份工作，就先到餐飲店工作。
以上是各位點的餐

除了點餐以外，
還有很多事情要忙。
像是達成公司規定的業績，
或是指導工讀生……
職場上的人際關係
也不是很如意，
雖然努力撐了兩年，
最後還是辭職了。
辭職以後過了
三個月悠閒的生活，
可是如果不工作，
存款會一直減少……
存款存摺
學文館書店
徵求工讀生
有天看到徵人廣告，
就決定在書店打工。

文館書店
那是學文館書店的另一家分店。
那裡的店長是個非常熱心的人，為了讓我能獨當一面工作，願意把很多工作交給我，讓我有接受鍛鍊的機會。
我很感謝他對我的期待，所以更努力工作。
久而久之，連其他同事也開始對我信賴有加。
我也逐漸愛上書店店員的工作。

新書發表會
簽名會
開始打工過了半年的某一天，
有某位漫畫家正在舉行簽書會，我也過去幫忙……
當時，那位漫畫家對我說：『非常感謝你幫忙賣我的書，因為我畫得非常努力，很高興能被更多人看見。』
這時我發現到一件事……
在那之前我只看到表面的部分，認為自己的工作只是「賣書」。
但是一本書從無到有，背後其實有非常多人的心血。而我的任務就是要把他們的心血傳達給更多人知道，這是件非常重要的工作呢！

那時候我感覺
自己的世界豁然開朗，
看到的景色都不一樣了。
學文館書店
求職面試會場
察覺到這一點之後，
我更喜歡自己的工作，
幹勁和責任感
也變多變重了。
我想多開發一點
自己能做的事，
所以參加了公司的面試，
想成為正式員工。
漫畫家的一句話改變了
澤田先生的人生呢。
對呀。
現在回想起來……

之所以會對第一份工作產生倦怠感，或許也是因為當時的我還不會從這個角度來看事情吧。
沒有這回事吧？
無論是什麼樣的工作，應該都在這個社會中扮演著不可或缺的重要角色。
或許能不能從工作中得到成就感，
差別就在能不能意識到這一點。
我很喜歡這份工作，也在工作上獲得了成就感。
所以覺得很幸福喔。

哈哈哈
哎呦～我怎麼對國中生說得這麼熱血啊。
真不好意思
哈哈哈
我也想成為能說出「這份工作讓我很幸福」的大人。
澤田先生說的話給了我很大的啟示，
哈哈哈
雖然職場體驗只有短短五天，但是有幸能認識澤田先生，這些都會一輩子留在我的記憶裡面。
工作辛苦了。後續完成囉。
小優
那天回到家，那本書的後續已經完成了。

4-1 有錢就能得到幸福嗎？

擁有很多錢就等於擁有幸福？

為了幸福工作、幸福生活需要什麼？說不定大家最先想到的就是錢。工作能多賺一點錢當然求之不得，有了錢就能買很多想要的東西，大概也會覺得很幸福。然而出乎意料的是，**就算有很多錢，也不見得就能得到相同比例的幸福。**

根據日本內閣府「人民的幸福與所得」的調查（右下圖），年薪四百萬圓的人與八百萬圓的人感受到的幸福幾乎沒有差別。可見收入就算多了一倍，幸福也不會變成兩

年收入

400萬圓

的A先生

工作上……

在貿易公司擔任會計及行政工作，
上班時間為早上九點到傍晚六點，
月底有時候會比較忙，但整體來說不太需要加班。

早安！
你總是這麼有精神呢。

好，今天到此為止！

私底下……

有妻有子，兒子念小學，
老婆白天在超級市場兼差。
假日會去附近的購物中心，或是去野餐，
生活過得很開心。

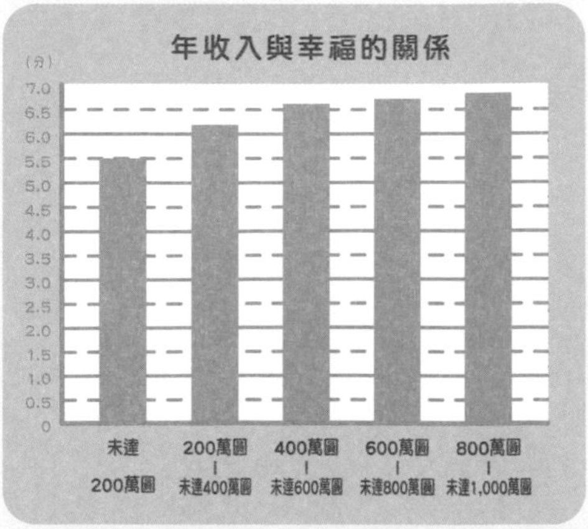
年收入與幸福的關係
(分)
7.0
6.5
6.0
5.5
5.0
4.5
4.0
3.5
3.0
2.5
2.0
1.5
1.0
0.5
0
未達200萬圓
200萬圓－未達400萬圓
400萬圓－未達600萬圓
600萬圓－未達800萬圓
800萬圓－未達1,000萬圓

・根據2014年內閣府「人民的幸福與所得」的調查
＊以「非常幸福」為10分、「非常不幸」為0分，詢問受訪者的幸福指數。

倍。可能是因為賺很多錢的人，工作通常比較忙碌；花在工作上的時間越多，就會壓縮到與家人共度的時光或花在自己興趣上的時間，所以才會出現這樣的統計結果。

從同時進行的調查中可以看出，也有很多人認為如果要感到幸福的話，「自己（或家人）健不健康」、「與家人的關係好不好」與「有沒有足夠的錢」一樣重要（左下圖）。「有很多錢就一定能得到幸福」不見得是正確解答。

哪種人比較幸福？

以A先生為例，收入雖然沒那麼多，但也不太需要加班，可以充分地休息。另一方面，B先生的收入比較多，可以把錢花在讓女兒學習才藝或全家一起去旅行，但是卻沒什麼時間與家人相處。無法判斷這兩種生活的「好」與「壞」，只能說不是收入比較高就一定比較幸福。

好的，30分鐘內搞定！

工作上……

在科技相關產業的公司當主管，經常要加班，回到家都已經三更半夜了。假日也常常要去公司上班，總覺得無法擺脫疲勞。

年收入

800萬圓

的B先生

私底下……

老婆是家庭主婦，有兩個還在讀小學的女兒，B先生讓女兒們學鋼琴。每年過年期間都會出國旅行，但平常不太有時間與家人相處，B先生為此煩惱不已。

判斷幸不幸福時的重要指標

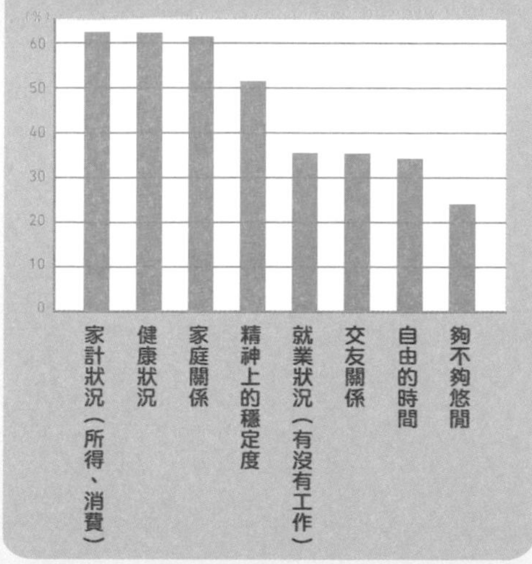

(%)
60
50
40
30
20
10
0
家計狀況（所得、消費）
健康狀況
家庭關係
精神上的穩定度
就業狀況（有沒有工作）
交友關係
自由的時間
夠不夠悠閒

・根據2014年內閣府「人民的幸福與所得」的調查

如何看待自己的工作？

仔細看上面的插圖，有三位正在施工現場砌磚頭的人，從右到左依序問他們：「你在做什麼？」第一個人回答：「看也知道吧，我在砌磚頭啊。」第二個人回答：「我在砌磚頭賺錢。」最後一個人回答：「我在砌磚頭，好打造出大家都喜歡的教堂。」可見同樣都是砌磚頭，每個人對工作的態度也不一樣。

或許砌磚頭的工作對第一個人來說是「被逼著做」的工作，至少這個人不想砌磚頭，認為這只是非做不可的作業。至於第二個人，他砌磚頭的目的是「為了賺錢」，所以只要

打工的語源

德國以前把「工作」分成天職（Beruf）與勞動（Arbeit），天職指的是應該要花一輩子完成的工作，勞動則是為了賺錢而不得不做的工作。

日文的打工也是來自於德文，意指為了賺取生活費，從事暫時性的工作。如果是這樣的工作，萬一做得不開心，或許就會想要找別的工作。另一方面，認為自己的工作是天職的人，應該會希望能盡可能永遠從事那份工作。

即使同樣都是砌磚頭的工作，想法及態度也因人而異。

有其他能賺更多錢的工作，他可能會馬上換工作。這個人認為工作的目的是為了賺錢。

最後那個人又如何呢？這個人有很崇高的目的，那就是「為人們建造教堂」。為別人努力的心態成為他砌磚頭的主要動力，認為自己的工作很有成就感。

不能說這三個人當中，哪個人的想法比較好，只是單純討論誰在砌磚（工作）的時候，會感到比較幸福，可以很清楚的看出是最後那個人。**因爲他在工作的時候會想像自己的工作可以讓別人露出笑容，這種人應該會以自己的工作爲榮。**

4-2 活躍於職場的工作方法

每個人都是從菜鳥開始慢慢成長的

世上有很多工作得很順利、看起來閃閃發光的人，大家都很崇拜他們，希望能成為那種人吧。然而即使是看起來那麼耀眼的人，也不是一開始就那麼厲害的。**每個人起初都是菜鳥，都是一步一腳印的慢慢成長，學會怎麼工作。**

剛開始上班時是學習怎麼工作的階段，多半是初次接觸到的經驗，令人疲於奔命。也經常因為工

在食品公司擔任業務工作的C先生為了讓自家公司的商品在更多地方上架，每天都很努力工作。
第1年
最初的工作在前輩的指導下總算完成了，可是還無法靠自己掌握住工作的全貌。
第2年
開始獨立處理工作，不小心弄錯訂單的數量，被客戶罵了一頓。
第3年
自己推薦的商品大賣，被以前罵過自己的客戶稱讚了。第一次覺得工作很有趣。

作不順利，覺得自己比別人差。大概也不乏犯錯被前輩責罵的場面，是一段不愉快經驗遠比愉快經驗多得多的時期。

工作個三年左右，熟悉工作以後，就能開始照自己的步調工作，過去的工作經驗也會讓人產生自信。或許這時候才會開始感受到工作的樂趣也說不定。當然還是會因為犯錯或失敗而沮喪，但是應該比較容易從沮喪中打起精神來。

得到成功體驗時，對工作的意識也會產生很大的改變。順利完成自己的工作，得到別人的讚美，看到別人開心的模樣，自己也會很高興，會更努力工作。**即使是起初覺得很痛苦的工作，只要努力去做，遲早也會從工作中得到樂趣的例子比比皆是。**

第4年
搞錯新商品上架的日期，給許多客戶造成困擾，非常沮喪。
反省過去犯的錯，搞清楚為什麼會犯錯。逐漸掌握住工作的重點，工作的速度也變快了。開始帶新人，越來越有自信。
第5年
負責地區的業績節節高升，受到好評，上頭開始給他更大的案子，他也越來越有衝勁。
第6年
開發新客戶，把自家的商品推銷到更多地方。很高興受到公司的表揚，未來也想繼續努力工作。
第7年
C先生經歷過好幾次失敗，每次都虛心地反省，以積極的心態面對下一份工作，努力終於有了成果，現在喜歡工作喜歡得不得了。

好的忍耐範例

D小姐的工作是在照顧老人家的設施當看護。起初在幫老人家吃飯或洗澡的時候經常挨罵，但是隨著她耐心傾聽老人家的意見，逐漸知道老人家的需求是什麼，也能提供更適當的協助。這是因為她很有耐心，努力的與老人家溝通，工作才能順利。

如果是這種忍耐沒關係

- 忍耐是為了讓自己成長
- 忍耐是為了達成某個目的

以D小姐為例

工作分成「好的忍耐」與「不好的忍耐」

前一頁也提過，剛開始工作的時候通常不會太順利。為了在工作上發揮實力，必須學習技術及專業知識，也必須站在工作的第一線，從錯誤中累積各式各樣的經驗。即使還不能隨心所欲地工作，每天都過得很痛苦，也要先忍耐著撐下去。**一個人如果想透過工作成長，多多少少都需要忍耐。**為了感受到工作的有趣之處及成就感，必須承受最基本的忍耐稱為「好的忍耐」。至於上述「好的忍耐」要忍受多久因人而異，也因工作而異。一面承受「好的忍耐」，一面兢兢業業地累積經驗，總有一天能依照自己理想中的方式工作。

只不過，也有些「不好的忍耐」根本不需要忍耐。像是工作了很多年，還

不好的忍耐範例

E先生的工作是在某家電量販店當業務，公司要求的業績非常不合理，每天都得加班好幾個小時。業績一旦無法達到標準，動不動就會被上司罵得狗血淋頭：「你就是因為缺乏幹勁才不行。」雖然想努力，卻沒有力氣工作，身體和心理都累壞了。

不需要這樣忍耐

- 忍耐只是讓精神和肉體都痛苦不已
- 勉強自己做不想做的事，被逼著做對社會有害的事

是找不到對自己而言有任何成就感的公司，或是周圍有太多與自己的想法及價值觀不合的人，做得很痛苦的工作，就不要勉強自己繼續待在那家公司或職場。此外，像是上班時間太長、工作環境太差，導致身心俱疲的話，請立刻逃離那個環境。

越認真的人越容易勉強自己做出「不好的忍耐」，結果搞壞身體。**工作覺得很痛苦的時候，不妨問自己你現在的忍耐是對未來有幫助的「好的忍耐」，還是只會苦了自己的「不好的忍耐」。**

別被黑心企業搞垮了

逼員工長時間工作、提出不合理的業績要求、不付加班費、上司採取高壓的態度、做出貶低員工人格的發言……具有以上這些特徵的企業稱為「黑心企業」。在黑心企業上班，身心都會生病，離職後可能也會繼續被後遺症折磨。萬一不小心進了這種企業工作，請務必馬上辭職，或是也可以找勞動部相關機構商量。

工作上順利的人與不順利的人

無論是什麼樣的工作，工作順利的人都會散發出一種魅力，都有些值得尊敬的地方。以下舉例來為各位說明什麼樣的性格在工作上會比較順利、什麼樣的性格在工作上又會比較容易遇到挫折。為了不重蹈別人的覆轍，一定要仔細小心。

特質 對工作具有熱情及進取心

注意 小心缺乏幹勁

具有上進心及熱忱、好學不倦的人在工作上會比較有順利的感覺，缺乏幹勁的人則比較不容易成功。

特質 謹慎思考後採取行動

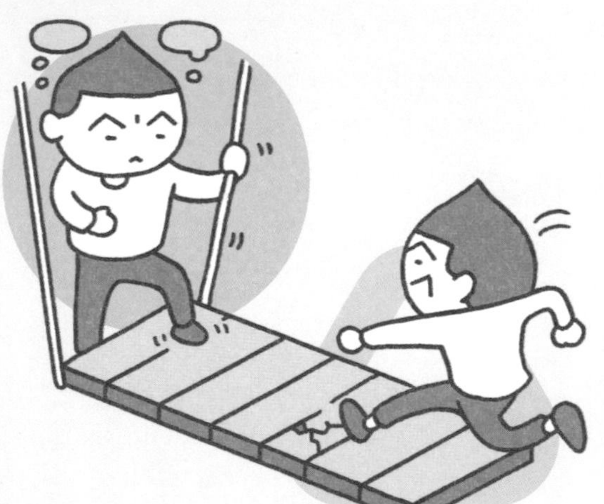

注意 勿毫無計畫進行工作

毫無計畫的行為會給很多人添麻煩。工作上能成功的人多半是經過仔細思考後，迅速採取行動的人。

特質 富有責任感的工作態度

注意 切勿推卸責任

把自己的工作推給別人，犯了錯就賴到別人頭上是最糟糕的典型。正確的態度是對自己的工作要有責任感，犯了錯就誠心誠意地道歉。

特質 失敗也不會原地踏步

注意 勿自怨自艾，喪失鬥志

重點在於就算不順利也能以「船到橋頭自然直」的心情重新振作起來。即使是人際關係的煩惱也能往好處想「總是有跟自己合不來的人嘛」，才是巧妙的處世之道。

特質 願意為別人著想

注意 勿只顧自己利益

工作無法只靠自己一個人的力量完成。會思考要怎麼讓一起工作的人做起事來更得心應手的人，當自己遇上麻煩的時候，別人也會伸出援手。

特質 願意接受同事協助

注意 想要一個人完成所有工作

能力越好的人越不懂得該如何請別人幫忙。其實不用什麼事都要求自己做到盡善盡美，學會請別人協助自己不擅長的事，或是一個人無論如何也辦不到的事吧。

特質 不忘謙虛及感恩的心

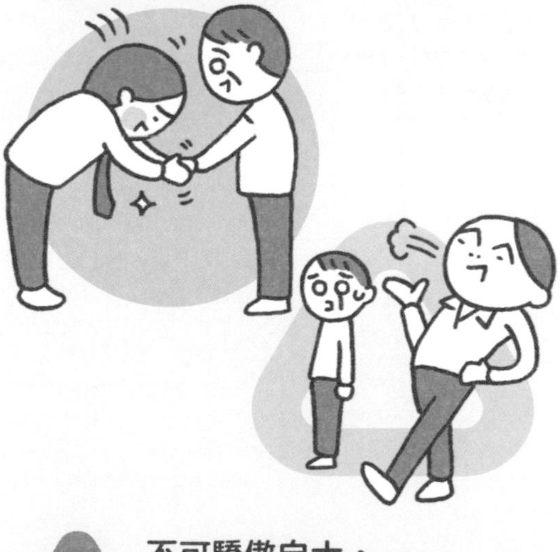

注意 不可驕傲自大，一旦成功就得意忘形

如同「越飽滿的稻穗頭垂得越低」這句話所說，越成功的人越不會忘記謙虛及感恩的心。一旦成功後態度就變差的人，萬一遇到瓶頸開始走下坡，身邊的人都會離他遠去。

4-3 什麼行為使工作更順利？

生涯規劃的重點在於「巧合」？

前一頁指出通常能在職場順利大展身手的人有什麼樣子的性格，接下來將為大家列舉這些在工作上總能順利的人，他們有哪些行為值得我們學習。

「這份工作要做到幾歲？幾歲要結婚……」像這樣思考工作與人生的計畫稱為「生涯規劃」。或許也有人認為「擬訂人生計畫，按部就班的行動很重要」，但人生是由一連串的巧合組成，**沒有多少人能**

擁有好奇心

擁有好奇心的人對任何事都有興趣，一旦有了感興趣的事，能夠好好面對這種情緒就顯得格外重要。藉由接觸新的事物，或許也能有什麼新發現。

約翰·克倫伯特茲
史丹佛大學教授

克倫伯特茲教授提出了五個能帶來好運的巧合要素，只要每次在行動之前能意識到這五個要素，或許能讓工作的時候更加順利。想通了「沒有人能按照生涯規劃過日子」，應該就能了解因緣際會的巧合有多麼重要。

預先想像多年以後的人生，讓生涯規劃完全按照自己的劇本實現。

二十世紀末，美國史丹佛大學的約翰．克倫伯特茲教授認為「一個人的職業生涯有八成取決於無法預期的巧合」，發表了「有計畫的巧合理論」。簡單地說，這個理論就是**「能好好地生活、工作的人，就能靠自己的力量抓住好的巧合」**。克倫伯特茲教授還說明如果想成為那樣的人，行動時有五個重大的要素。

第一個是「好奇心」。如果能以對新玩意兒躍躍欲試的心情、想立刻投入新事物的態度，對什麼事都產生興趣，就能掌握足以讓自己的人生充滿好運的機會。

第二個是「毅力」。基於好奇心，對任何事都敢勇於嘗試，但是如果半途而廢，無法堅持到最後就沒有意義了。總是要堅持到底，才能判斷那件事對自己有沒有意義。

第三個是「思考彈性」。這是指不要過於固執己見，積極接受其他人的意見或新的角度，隨之變化的態度。正因為具有彈性，才能得到過去沒有的經驗。

今天是
第20天……

持之以恆的毅力

藉由堅持不懈的精神，就能產生與初次經驗時截然不同的看法及想法。如果沒有毅力，做什麼都不會成功。

富有彈性的思考方式

擁有自己主見的同時，也要接受其他人的意見或嶄新的訊息，就能學習到從自己沒有的角度看事情。只要從不同的角度看事情，自己的世界也會變得無限寬廣。

原來如此！
我的意見和你
不一樣……

請意識到五個能帶來美妙巧合的要素

最後兩個要素，都是與「挑戰」相關的特質。

第四個是「天性樂觀」。在挑戰新事物時，或不斷挑戰仍無法做出成果的時候，肯定會感到不安。這時請不要被不安擊垮，以「一定沒問題！」

天性樂觀

任何挑戰都伴隨著不安和不確定性。不妨以樂觀的心態去面對自己覺得有趣、想要做的事，仔細考慮之後再去努力的話，肯定天無絕人之路。

勇於冒險

進行挑戰的時候，可能不容易預測結果，也有風險，但世上沒有毫無風險的挑戰。不妨重視自己的興趣，勇敢地踏出第一步。

的積極態度面對，將是為艱難的挑戰做出成果的不二法門。

第五個要素是「勇於冒險」。好不容易產生興趣，如果不踏出第一步就毫無意義。願意踏出一步試試看的心態即為勇於冒險的心態。即使不確定挑戰的結果，即使有風險，也要採取行動，先試試看再說。成功的相反不是失敗，而是不挑戰。有沒有踏出那一步，結果將會有天壤之別。

不只是工作中的人，對於正在尋找自己的夢想或想做什麼事的孩子和年輕人而言，這五大要素都非常重要。對每件事都充滿好奇心、勇於採取行動、對特別感興趣的事物則堅持到底不放棄，讓心態和思考保持彈性，傾聽周圍人們的意見，有時也要改變自己的想法。即使面對遲遲找不到答案的未來，也以樂觀的心情積極面對。有時候鼓起勇氣冒個險，無所畏懼的迎接挑戰。請務必記住這五大要素，只要能這樣行動，美妙的巧合也許就會助你一臂之力。

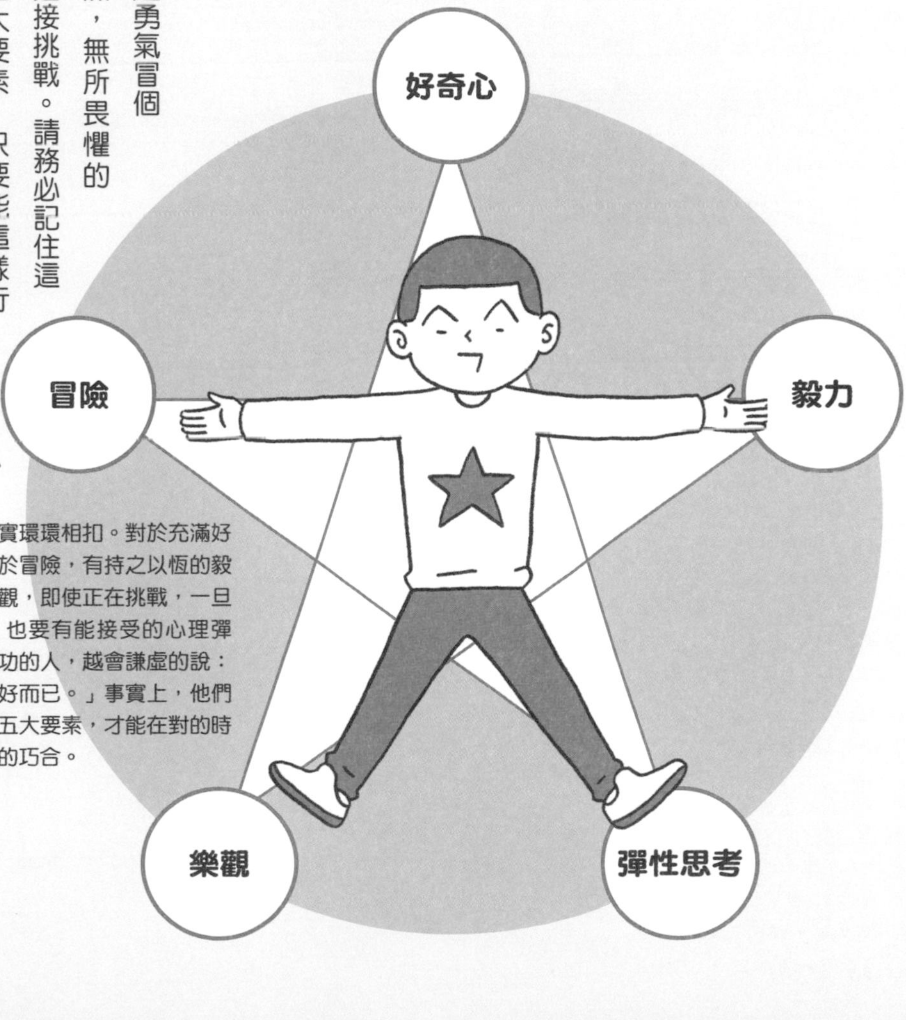

這五個特長其實環環相扣。對於充滿好奇心的事物勇於冒險，有持之以恆的毅力，並保持樂觀，即使正在挑戰，一旦發現新事物，也要有能接受的心理彈性。事業越成功的人，越會謙虛的說：「我只是運氣好而已。」事實上，他們總是隨時留意五大要素，才能在對的時機掌握住美妙的巧合。

4-4 為了能幸福工作，該怎麼做？

不要過於追逐「成功」

之前為各位整理了工作順利、活躍的人，擁有什麼樣的性格及行為。工作一旦順利，做起事來就會越來越開心。但是請注意，千萬不要一心只想要獲得成功。**因爲想要成功、想得到別人的肯定、想被人尊敬……諸如此類的欲望會逐漸增加，難以停歇。**

「想獲得更大的成功」或「想得到更多人的稱讚」這種希望能「更加如何如何」的心情，讓人感到不安及不滿。社會上有很多充滿壓力的人，例如把自己和職場上的

成功與失敗都是
邁向下一步的指針
「成功」和「得到別人的肯定」這些都只是最後得到的結果，請不要過度在意，快樂珍惜每個當下吧！
「想要成功！」
只是次要
發明之王愛迪生說過：
「我沒有失敗過，只是找到一萬種行不通的方法罷了。」
這次失敗了，下次再努力就好了，不要太在意「成功」或「失敗」。

同事拿來比較，沮喪地認為「自己真沒用」的人、責怪抱怨「公司為什麼不肯更重視我一點」而感到心浮氣躁的人。像這樣邊工作邊拿自己和別人做比較、很在意別人怎麼看自己，只會讓自己苦不堪言。或許以這種動機去工作也會達到成功，但絕對稱不上幸福。

不要和別人比較，也不要太在意別人怎麼看自己，只要盡全力做好自己現在能做的事。以這種態度面對工作的人不會一心只想成功，反而能快快樂樂的工作，讓心情保持輕鬆。不要追求「一定更怎樣怎樣」，而是回頭看自己已經擁有的一切，心存感謝的工作。只要能以這種心態過日子，不管是在工作上或人生旅途中應該都能感到幸福。只顧著追求成功並不會得到幸福，幸福隨時都在我們左右，等著我們去發現。

發現身邊的每一個小幸福

再小的事都能讓人感動，請保持幸福的心情，每天都心存感激。

「成功」不等於「幸福」

即使已經得到普羅大眾眼中的成功，例如高收入或住在豪華的房子裡，還是有人覺得內心無法被填滿。幸福的標準因人而異，誰也無法定義你的幸福。請仔細思考什麼是能讓自己感到幸福的生活方式及工作模式。

幸福的生活方式及工作模式由自己來決定

發明iPhone的蘋果公司創辦人史蒂夫．賈伯斯曾經發表過以下的演說。

「我每天早上都會問鏡子裡的自己『如果今天就是最後一天，你還會去做今天預定要做的事嗎？』如果連著好幾天都回答『不是』，就得稍微重新審視一下自己的生活方式。」

對於壽命有限的人類而言，如何運用自己的時間，就等於是如何運用自己的生命。這段演說告訴我們，誠實的聽從自己內心「想做」什麼事有多重要。

明明想好好珍惜與家人共度的時光，卻每天都要加班。其實有更想做的工作，卻不敢挑戰。如果想改變現狀，就應該馬上採取行動。採取行動或許會給別人添麻煩也說不定，挑戰可能會失敗也說不定，但是請不要想那麼多。

自己才是自己人生的主角，要如何生存的決定權掌握在自己手中。人生只有一次，請做好覺悟，活出自己能接受的樣子，從事能得到成就感的工作，我認為這比什麼都幸福。

萬一你對將來要怎麼活下去感到迷惘，不妨回想賈伯斯的演說。

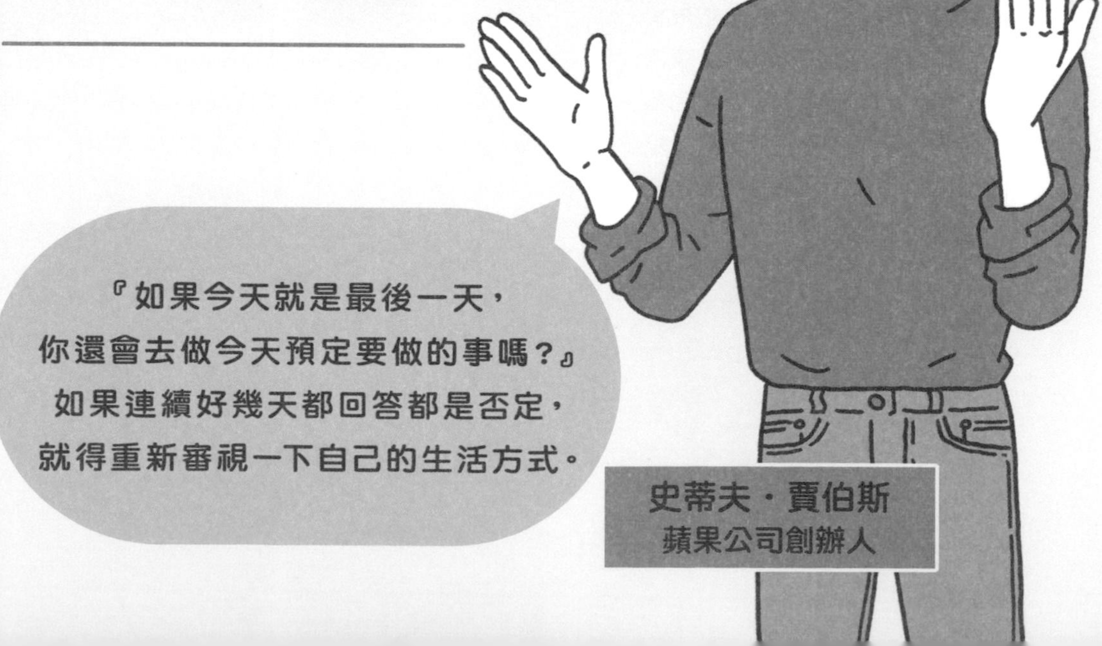
『如果今天就是最後一天，
你還會去做今天預定要做的事嗎？』
如果連續好幾天都回答都是否定，
就得重新審視一下自己的生活方式。
史蒂夫．賈伯斯
蘋果公司創辦人

想與家人一起守護女兒的成長

女兒是我們夫婦最重要的寶貝。
女兒明年就要上小學了，
每一天的成長都令我們欣喜若狂。
前幾天，公司詢問我一個人去外地
工作的意願，要是我答應了，將來就能飛黃騰達，
但我想了又想，最後還是拒絕了。
因為我覺得與家人共度的時光、與女兒一起製造
回憶的機會比工作還重要。
我不確定這個決定是不是正確的選擇，
但我認為對我而言，
這是個幸福的決定。

讓業績提升，表現自我成長

我努力工作是為了向業務部的
各位同事報恩，為了讓一直照顧我的上司
及前輩們為我感到驕傲，留下工作的成果、讓大家
看見我的成長是最好的方法。想為了讓同事露出
笑容而努力，因此工作是我現在最重要的事。
或許我的能力還不夠，但是以這樣的心情工作時，
每天都很充實、很幸福。

想成為漫畫家

大學畢業後，我在大公司工作了五年後辭職。
倒也不是因為沒有成就感，而是我覺得這種生活方式
好像不太適合我。我從高中就開始在投稿網站發表
插圖和漫畫，即使在上班的時候也沒有間斷。
畫插圖或漫畫時感覺十分幸福。現在我會帶
自己的作品主動上出版社推銷。對生活雖然
也有不安，但是我並不後悔選擇這條路。

客人口中「很好吃」這句話
和自己「樂在其中」的心情
成為心底的信仰。
為了深愛的家人，
為了愛吃我們家蒟蒻的客人，
我這輩子都要不斷製作出
美味可口的蒟蒻。
（蒟蒻店老闆 45歲）

因為想幫助別人，
想留下活在當下的證據。
我認為在這樣的心態下工作，
我活過的腳印有朝一日
終將鮮明地烙印在世上。
（藥劑師 37歲）

我也曾經想過要退休，
但是當我做的菜賣光，
聽到學生說：
「婆婆，好好吃喔。」
我就捨不得辭職了。
未來也要繼續做出
能讓學生們吃得開心的飯菜。
（學生餐廳工作人員 65歲）

因為可以感受到單純的喜悅。
一想到自己想的、
企劃的作品或許能在電視上播放，
就覺得非常期待，
心裡小鹿亂撞。
（電視台助理導播 23歲）

有時候也想不顧一切地拋下工作，
之所以還沒有辭職，
是因為不想背叛聽障者。
我想成為被信賴、被需要、
更重要的是與聽障者
一起努力的手語翻譯家。
（手語翻譯家 44歲）

太太因為我都沒休息
而對我發脾氣，
六歲的大女兒拚命安撫太太時
說的話帶給我力量，
讓我覺得自己並沒有做錯。
未來也想繼續
讓她看見爸爸努力工作的樣子。
（酪農家 35歲）

因為工作帶來的痛苦和幸福
而塑造出此時此刻的自己，
因此才想要努力工作。
每次聽到警笛的聲音，
都覺得自己一定要繼續加油。
（消防人員 26歲）

我的夢想是結合以前留下來的技術
與自己擁有的技術，
再傳遞給兒子，
並且讓更多人了解藍染的魅力。
這兩個夢想
是我努力工作最主要的原因。
（藍染工匠 59歲）

第 5 章

連大人也不知道的「未來工作」

迴轉壽司
那天結束社團活動回家後，我和媽媽還有外婆一起到外面吃飯。
第5話
人要無怨無悔的活到100歲
小優阿姨說：「我工作得正起勁！」拜託我們買東西回去給她吃，自己則留在家裡工作。
嘰
歡迎光臨，請問幾位？
嗶
嗶

請問共三位是嗎？
請領取號碼牌，
在這裡稍等一下。
203
號
限11月22日當天有效
吐出
號碼牌
203
號
限11月22日當天
時代真是太進步了，
櫃台居然都沒有人，
而是由機器人來接待客人…
現在都是這樣的。
從長遠的角度來看，
比起聘請員工來工作，
引進機器還比較便宜呢。
也有人認為隨著人工智慧
（AI）及機器人的技術
越來越發達，原本各式各樣
由人類做的工作可能都會
被機器人取代喔。
是喔～

說不定等你長大以後，跟機器人一起工作的機會，可能比跟人類一起工作的機會還多呢！
隼人先生！這個做好了！！
隼人先生！你剪頭髮啦？
呃……好像有點恐怖……
呵呵。
號碼為203號的客人！
走吧，輪到我們了。
三位客人，為您安排四人桌的位置。

吃得好飽～
真不愧是國中生，居然吃了30盤！
今天也很認真的參加了社團活動嘛。
肚子一定很餓吧～
跑得快累死了。
那課業也要加油喔，就快要考試了呢。
我知道啦。
呵呵呵。
對了、對了，
我又想要開始學習新的東西了！

媽媽除了俳句，偶爾還會去登山健行，除此之外又有新的興趣啦？
真是有活力啊！
外婆想做什麼？
我想要學鋼琴。
咦？妳彈過鋼琴嗎？
沒有，完全沒有喔！到了65歲才想開始學！
為什麼會想學？
前陣子呀，我在網路上看到一篇報導……

記者問90歲的老婆婆：「人生中有什麼後悔的事嗎？」
老婆婆回答，「60歲的時候想學小提琴，可是總覺得已經太遲了就沒去學，要是當時就開始去上課，到現在也學30年了吧……」
於是我認真的想了一下，認為想做的事還是應該要去做。
原來如此～
我以前就想學鋼琴，只是遲遲沒有跨出第一步。

倒也不是真的
想彈得有多厲害，
不過，只要稍微會一點點，
就很值得高興了不是嗎？
我覺得很棒！
加油！
我也覺得
很好喔。
現在醫療這麼發達，
大家都說人類
可以活到一百歲呢。
更何況，
很多偉人都說過「凡事
只要肯開始都不嫌晚」。
活到一百歲啊……
那我還有60年呢，
接下來要怎麼活下去呢？
叮
叮

小優
肚子好餓……
現在
小優
買最頂級的壽司回來！
現在
小優阿姨
說她肚子餓了。
啊，我都忘了……
趕快買東西回去
給她吃吧。
小優
買最頂級的壽司回來
1分鐘前
小優
那本書的後續完成了，
你回來就能看了。
現在
在日新月異的世界中，
大家都要因應
社會與時代的變化，
思考許許多多的問題，
努力的活下去。
當我長大以後，
這個世界會變得怎樣呢？
一整個晚上，
我都在思考這件事。

5-1

時代在變，工作也跟著改變

新興的工作機會

上傳影片到影音網站「YouTube」，配合收看者的人數可以得到收入，其中也有一年可以賺好幾千萬的人。不過這種人只占全球人口的極少部分，現狀是光靠上傳影片就能維生的人少之又少。

YouTuber

從過去到現在都很搶手的職業

經常出現在「想做什麼工作」的排行榜高位。因為照顧人的溫柔印象，取得資格的管道也很清楚透明，是很多人都想從事的工作。雖然也很辛苦，經常要值大夜班，但是只要考到證照，就不用擔心找不到工作，是很穩定的職業。

護理師

因時代的變化開始受到喜愛的職業

遊戲開發工程師

1990年代，孩子都非常喜歡玩電腦遊戲，但一般人其實還不太清楚遊戲開發工程師這門行業。隨著製作遊戲的人開始出現在媒體上，以及製作遊戲的專門學校成立，成為眾人嚮往的職業之一。

受歡迎的職業依時代而異

二〇一七年以日本小學生為調查對象的「將來想做什麼工作」的職業排行榜引起了非常大的話題，因為「YouTuber（影音創作者）」出現在排行榜的前幾名。影音網站「YouTube」二〇〇五年於美國成立，在世界各地都非常受歡迎，因此開始有人以製作上傳各種影片維生。

社會會與時代一起變遷更動，一方面出現了YouTuber這種新的職業，另一方面，不合乎時代潮流的職業也面臨被時代淘汰的命運。小時候大受歡迎的職業，長大以後可能已經不符合世人的需求而消失了。

左方表格是一九九〇年與二〇一八年日本小學生「想做什麼工作」的職業排行榜，可以看出有的職業一直很受歡迎，也有些職業是新時代的產物。

等現在的小學生及國中生長大以後，可能又會出現現在想也想不到的工作。**不妨觀察時代的變化，了解世界上需要什麼工作，仔細的思考什麼是適合自己的工作。**

1990年 日本小學生「想做什麼工作」職業排行榜

男生		女生	
第1名	棒球選手	第1名	托兒所、幼稚園的老師
第2名	警察、刑警	第2名	烘焙店老闆
第3名	玩具店老闆	第3名	學校老師
第4名	足球選手	第4名	護理師
第5名	飛行員	第5名	開花店
第6名	木工	第6名	鋼琴老師、小提琴家
第7名	醫生	第7名	空服員（空姊）
第8名	學校老師	第8名	歌手、明星
第9名	學者、博士／上班族	第9名	美容師
		第10名	漫畫家

・根據日本第一生命保險株式會社的暑假兒童作文比賽問卷「長大以後想做什麼工作？」

2018年 日本小學生「想做什麼工作」職業排行榜

男生		女生	
第1名	棒球選手、教練等	第1名	甜點師傅
第2名	足球選手、教練等	第2名	護理師
第3名	醫生	第3名	醫生
第4名	遊戲開發工程師	第4名	幼教師
第5名	上班族	第5名	老師
第6名	YouTuber	第6名	藥劑師
第7名	建築師 教師	第7名	獸醫
		第8名	服裝設計師
第9名	籃球選手、教練	第9名	美容師
第10名	科學家、研究人員	第10名	助產士

・根據日本FP協會第12屆小學生「實現夢想」作文比賽「將來想從事的職業」排行榜

當世界的一切變得越來越方便

隨著時代變遷，我們的生活變得越來越方便，與此同時，社會上的工作也隨之改變。舉例來說，直到十九世紀左右，人們都還搭馬車移動，到了二十世紀，汽車開始普及，出現像計程車司機那種開車的工作。從此以後的時代，車子可能會更加自動化，不再需要人類駕駛也說不定，可能會開發出完全無法想像，更新的交通工具也說不定。

在電腦尚未普及的一九七〇年代，大部分的工作都要由很多人分工合作處理，有的工作是把資料整理成檔案，有的工作是以手寫的方式製作資料。而隨著電腦問世，整理資料、撰寫文章、製作圖表等作業可以由一個人獨力完成。隨著電腦這種方便的工具問世，人類該做的工作也產生了大規模的變化。

在網路出現前，我們都是從電視、報紙、雜誌等媒體獲得訊息。又或者是打電話或寫信聯絡，買東西的時候一定要去店裡。現在透過網路就能迅速且輕鬆地獲得訊息，利用電子郵件或通訊軟體就能簡單地保持聯絡，透過智慧型手機就能立刻買到東西。藉由網路提供的服務逐漸普及，說是每天都會產生新的工作機會也不為過。

我們的生活隨著技術的進步變得更加便利，**也從中創造出一些新的工作，相對也有些工作會逐漸消失、淘汰，社會就是這麼運作的。**

交通

以馬車為主要的交通工具，需要養馬。

現在汽車十分普及，不再養馬，而是需要有開車的技術。

社會與技術的進步

1950年代到1970年代間，日本處於所謂「高度經濟成長」的狀態。這個時代，日本的科學技術及經濟能力越來越強盛，有很多人都樂於工作，可以說是整個日本急速成長的時代。然而現在卻進入了「少子高齡化社會」，勞動力日漸減少。

大家通常都只看到了科學和技術「方便」的那一面，其實技術背後也有如何協助並改善問題的課題。像是為了解決「如何才能在勞動力日漸減少的情況下保持生產力」、「如何解決老年人照護場所，不堪負荷勞力缺乏的困境」等難題，有許多技術人員每天都在埋頭苦幹。同樣情況，許多國家也是如此。

整理資料

以前

報紙或雜誌的剪報、會議的資料及記錄等等，以前都需要分門別類整理成檔案。直到現在還有很多人推崇這種作法。

現在

現在可以在電腦上管理各式各樣的資料，分成好幾個資料夾的方式與以前的檔案管理是同樣的意思。

收集資料

以前

電視及雜誌、報紙等媒體以前是收集資料的中心。

現在

現在改以利用智慧型手機或電腦上網收集資料為主，還能買東西或與他人溝通。

改變世界的SDGs理念

包括日本在內，各國爭先恐後的開發各式各樣的產品、提供千奇百怪的服務，因此我們的生活比以前更富庶也更方便。可是在另一方面，地球也產生了許多的問題，例如溫室效應。日本及其他先進國家為了本身的發展，使用煤炭及石油等能量來源，排出會造成溫室效應的廢氣，從而導致全球暖化、極端氣候及海平面上升等問題。除此之外，開發中國家還有童工問題及糧食短缺的問題，我們人類的活動給地球帶來了很多困擾。

為了解決諸如此類的問題，聯合國在二〇一五年八月發表名為SDGs的白皮書，獲得一百九十三個加盟國通過。SDGs是Sustainable Development Goals的縮寫，翻成中文是「永續發展目標」。也就是說，基於「不讓任何人落單」的理念，**採取「要在二〇三〇年前讓世界變得更好」的行動方針。以實現和平、公平的社會為目標，是全世界共同遵循的方針。**

溫室效應

因為溫度上升導致海平面上升、冰河融化。學者認為地球再這樣暖化下去，有些島國會因此沉入海中。

日本政府為了推進SDGs，開始著手擬訂各式各樣的計畫，各大企業也展開行動。世人已經了解到，企業不只要提供更好的商品、服務給自己的客人，也具有讓全世界往更好的方向前進的社會責任。

對於目前已經在工作的我們、接下來即將出社會的各位讀者而言，**具備「不要讓別人因為我們的工作受苦」、「透過自己的工作改善社會」的意識至關重要。**這或許也可以說是工作時要有的「信念」及「志向」。為了建立和平、公平的社會，讓我們聯手打造出一個更重視正確的道德觀、體貼人們與環境的時代。

地球的問題

改變社會的良心消費

以相同的衣服為例，一件2000元，另一件1500元，假設品質一樣，應該要買1500元那件吧。可是，倘若製作那件衣服的企業為了便宜500元，以低於正常薪資的薪水逼國外的小朋友工作呢？如果那500元對自己根本不痛不癢，應該會想做出不讓任何人受苦的選擇，購買2000元那件吧。

購買、消費在考慮到人與社會、地球環境的前提下製作的物品稱為「良心消費」。我們消費者在行動的時候要具備「這款商品暢銷的背後有沒有人在哭泣」、「製作這款商品的企業是不是也顧慮到環境」的概念，以改變企業與社會。

糧食浪費

根據2017年環境省的報告，日本每年廢棄的食品約620萬公噸，等於每位國民平均每天都丟掉一碗食物。

童工問題

由於消費者都追求便宜的東西，企業不得不刪減花在製作上的成分。導致工資低廉的開發中國家，小朋友都不去上學，被迫工作。

SDGs

擬定了17個要在2030年前達成的指標。能不能達成是一回事，重點在於要了解世界上有什麼問題、揭示目標、據此行動。想進一步了解SDGs的詳細內容，可參考其他書籍。

5-2 AI與工作

什麼是AI？

很多人期待AI會讓接下來的社會產生相當大的變化。AI是取自「Artificial（人工）Intelligence（智慧）」的第一個英文字母，意指利用電腦重現人類大腦功能，做出知性行為的技術。

人類的大腦能進行複雜的資訊處理，例如分辨每個人的臉或聲音的「認知」、理解複雜的表現或附和的「對話」、思考未來會發生什麼事的「推測」、孕育出新東西的「創造」、記取過去經驗的「學習」等等。藉由讓電腦學習、實行以上的知性行為，以提供更合乎人類經濟活動及文化活動的服務。以前的電腦與AI的差別就在於能不能自行理解、思考、學習。

舉個生活周遭的AI實例，有一種「對話型AI」。是否曾經在商店裡看過做成人形的導覽機器人？他們能理解客人的問題，加以回答。每次溝通都被記錄下來，經由反覆「學習」，不斷進步到能進行正常的對話。

另外，智慧型手機裡內建的語音辨識功能可以與使用者對話，幫使用者解決問題。除此之外，為了讓我們的生活過得更加舒適，世界各地都正在研究、開發外文翻譯或自動駕駛等AI，努力讓這些AI實用化。

（編註：圖片為示意圖）

能夠表達情緒的機器人

日本軟體銀行集團在2014年推出的Pepper是全世界第一台會表達情緒的類人型（humanoid）機器人，具備辨識表情及對話的認知能力，能與人類溝通，常見於看護及服務業的工作現場。

○○市
晴時多雲
這一帶
有好吃的
披薩店嗎？
今天的天氣
如何？

對話型人工智慧服務

對機器說話，機器就能配合你說的話給予反應，還能自動操作智慧型手機，像是蘋果公司內建在iPhone手機裡的「Siri」、Google公司的「Google個人助理」等。

讓AI拯救我們？

「生產年齡人口」指的是15～64歲，一般世人認為能工作的人口。日本的生產年齡人口在1995年的8,716萬人達到高峰。下圖沒有特別標示出來，但2019年的生產年齡人口為7,423萬人，不到總人口的60%。與生產年齡人口的高峰比起來，大約減少了10%，接下來還會繼續減少。因此，技術的進步將用來彌補逐漸減少的勞動力，提高生產效率，在各方面做出貢獻。AI也是這種技術之一，對於生產年齡人口逐漸減少的日本而言可以說是未來的救星。

こんにちは
안녕하세요
Hello
你好
ciao

AI翻譯

以自己的母語說話，由AI自動翻譯成對應的語言，發出聲音。也有足以對應50種語言以上的機種，越來越實用了。

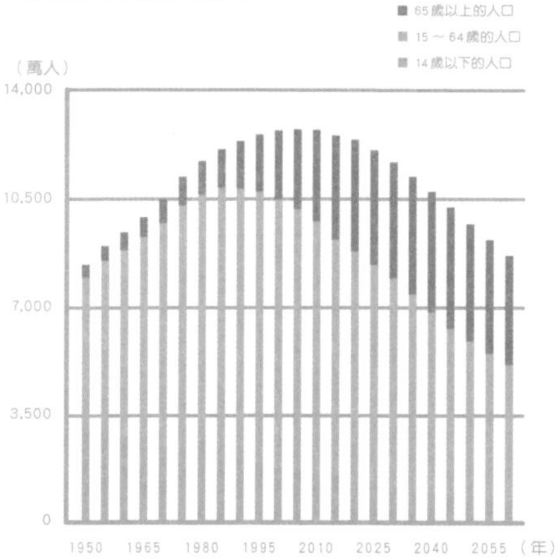
65歲以上的人口
15～64歲的人口
14歲以下的人口
（萬人）
14,000
10,500
7,000
3,500
0
1950
1965
1980
1995
2010
2025
2040
2055
（年）

・2015年以前根據日本總務省「國勢調查」（扣除年齡不詳的人口），2020年以後則根據國立社會保障・人口問題研究所「日本將來的人口推估（西元2012年1月推估）」（推估出生中位數、死亡中位數）

自動駕駛

即使不握住方向盤也能開車的研究日新月異。不過像是「自動駕駛時若發生車禍的責任歸屬」等法律層面的問題需要克服。

你的工作會被AI搶走嗎？

包括AI在內，科學技術的發展日新月異。以自動駕駛為例，二○○○年代初期，世人都認為很難開發出無人駕駛的汽車。可是到了二○一○年代，這個問題就解決了，成功的開發出完全自動駕駛的汽車。另外，自從二○一○年代以來，翻譯技術也有了顯著的進步。剛開始的時候，翻譯的準確度很低，但是藉由每天輸入文章、累積資料的結果，加上電腦的自動學習，開始能做出正確的翻譯。

二○一五年，野村綜合研究所提出一份很有趣的報告，受到世人的注目。這份報告指出，日本的六百零一種工作中，哪些是將來比較容易被AI或機器人等自動化設

電車司機

電車的駕駛只要按照時刻表進行就行了，是比較容易由AI達成自動化的工作。

未來容易自動化的職業

電車司機
會計人員
水電瓦斯抄錶人員
一般庶務人員
包裝作業員
路線巴士司機
卸貨作業員
裝箱工人
收銀員
印刷作業員

・根據野村綜合研究所2015「日本的電腦化與工作大未來」

備取代的職業。報告中寫到，居然有百分之四十九的人在今後幾十年內，工作可能就會受到自動化設備的影響。從自動駕駛技術及翻譯技術突飛猛進的成長，可以看出這不是癡人說夢。

我們身處在這樣的時代，不能只是一個口令、一個動作的聽話做事，必須自己思考過一輪之後再採取行動。舉例來說，會計的工作如果只是輸入資料，或許就會被機器取代。然而，當公司內部發生與金錢有關的困擾時，只要一馬當先的提供諮詢，或是扮演好利用AI提高工作效率的角色，那個人的工作就不會被自動化取代。重點在於不是只「完成」上頭交辦的事項，而是要「創造」出新的工作機會。

會計人員

要輸入大量資料的工作，只要是由人類來做，就無法避免不出錯。但AI不會出現打錯字這種失誤。

必須要有能力面對沒有答案的問題

學校考試的問題都有答案，可是工作多半都沒有「這麼做比較好」的正確解答。對於這種沒有答案的問題，仔細地思考、與同事討論、採取自己認為是正確解答的行動，這是AI或機器人都辦不到的事。

還有，要對過去一直認為是理所當然的常識存疑：「這樣真的是對的嗎？沒有更好的方法嗎？」提出更進一步的問題，也是只有人類才能辦到的事。

要能面對沒有答案的問題、以及不拘泥於常識，提出更進一步的問題，這才是新時代需要具備的能力。

裝箱工人

包裝各種千奇百怪的商品、搬運沉重的貨物等動作，隨著AI及機器人技術的發達，人類或許可以不用再做這方面的體力活了。

AI並不可怕！

AI及電腦的工作準確度高，也不會疲累，更不會三分鐘熱度。而且還能用飛快的速度很有規則的處理作業，所以比人類更適合處理資訊量龐大的工作。然而，AI並非萬能，也有不擅長的領域。

其中一個領域是「創造」。AI固然經常在西洋棋或將棋上贏過人類，可是在製作新的遊戲或規則上，人類還是比AI拿手。雖然也有AI能創造出藝術作品或音樂等等，但AI還無法理解感覺的部分，例如什麼樣的作品才能打動人、什麼樣的作品感動不了人。創造力目前還是人類才有的能力，就算AI能創作出什麼作品來，我們人類創造的作品也不會輸給AI。

第二個領域是「與人溝通」。我們在溝通的時候會默默地理解到許多暗示，例如聽到「別這樣」的時候，我們可以從對方的語氣及表情、停頓的方式等判斷對方是真的不願意，還是只是對於開玩笑的輕微反擊。AI可以理解對方在說什麼，但不擅長判讀氣氛，所以無法做出以上的判斷。要出現能像人類那樣溝通的AI大概還需要很長的時間。

由此可見，AI還無法完美地取代人類，「只要利用AI……」說來簡單，但是開發、導入AI需要龐大的成本也是不爭的事實。不過**AI無疑會在未來協助人類，而且從正面的角度來看，未來AI大概也會成爲人類良好的競爭對手。**

自動化可能性較低的職業

- 精神科醫生
- 國際合作專家
- 職能治療師
- 語言教育師
- 企業顧問
- 外科醫生
- 針灸師
- 身心障礙學校老師＊
- 造型師
  藝術家
- 小兒科醫生

・根據野村綜合研究所2015「日本的電腦化與工作大未來」

＊統稱為「特殊教育教師」。

AI不擅長的領域？

從統計學的角度來看
完全不適合你
真不賴！
其實
不太好看……
製作出充滿
創意的作品來了！

溝通技巧

AI不擅長理解人類的心理，也不太會察言觀色再說話。即使是人類視為理所當然的溝通，對AI而言也很複雜。

創造性

AI擅長學習既有的數據，製作出類似的東西，但是並不擅長創造出前所未有的東西。

培養同理心

當AI在社會上越來越普及，「感同身受的能力」對人類來說將變得更加重要。所謂同理心就是指與對方產生相同感受的能力、考慮到對方再行動的能力。

AI能徹底的完成交辦的業務、依照工作手冊採取行動，但無法事先覺察對方需要什麼、追求什麼再行動。就像「這個人好體貼啊」，等到AI普及以後，感同身受的能力還是會被需要。

人類擁有的優勢是什麼？

創造性？
溝通？
協調性？
同理心？
感覺？

不用害怕AI，只要把AI擅長的事物交給AI，人類擅長的事物交給人類就好了。將來應該會以這種合作的方式來工作，重點在於思考人類能做什麼。

5-3 何謂「多元化」？

持續演進的「多元化時代」

住在海外的日本人數量在二〇一八年十月的時候大約為一百三十九萬人。一九八九年約五十八點七萬人，光是三十年來就成長了二點三倍以上。原因在於日本有越來越多的企業進軍海外市場，以及網路發達，便於得到外國的資訊等等。可以想像移居國外的日本人接下來也會持續增加。目前在海外工作的人當中，有人從以前「就想出國工作」，也有人「從未想過自己會出國工作」。正在閱讀這本書的你，或許十年後也

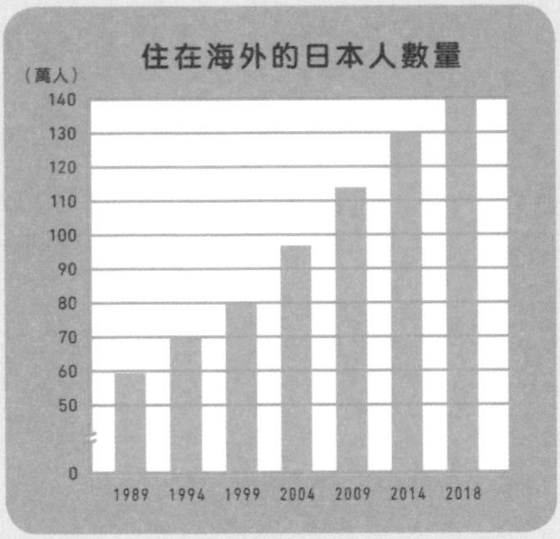

・外務省「旅居海外的日本人人數統計調查 2020年版」

會搬到國外居住、工作。

另外，住在日本的外國人數量在二〇一九年六月的時候來到了約兩百八十二萬點九萬人，為史上最多。這是因為日本政府為了增加外勞，修改法律，以及不問國籍、只想雇用優秀人才的企業與日俱增。既會說日語，也通曉外文的外國人才在日本企業進軍海外時扮演著非常重要的角色。從此以後，在日本工作的外國人應該會越來越多。

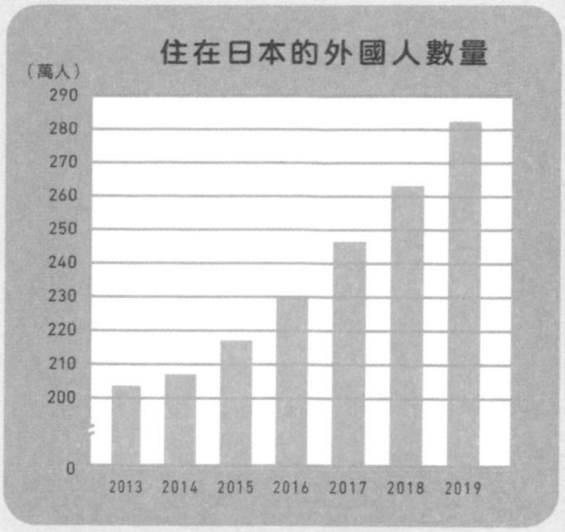
住在日本的外國人數量
（萬人）
290
280
270
260
250
240
230
220
210
200
0
2013
2014
2015
2016
2017
2018
2019

・法務省「駐日外國人統計6月底資料」擷取2013年～2019年資料

文化及思考模式截然不同的人共同生活的社會稱為「共生社會」或「多元化社會」，「多元化」的原文是「diversity」。日本人出國變成外國人、在日本與外國人一起工作的機會將越來越多。**在這樣的情況下，努力理解彼此的文化及思考模式，也就是尊重所謂的多元化就變得格外重要。**

雇用為技術人員

多元化與宗教

世界上有琳瑯滿目的宗教，隨著許多外國人來日本工作、生活，對宗教的理解就顯得格外重要。舉例來說，印度教不吃牛肉、回教不吃豬肉。除此之外，回教還規定每天都要面向麥加的方向朝拜五次。最近有越來越多餐廳會將其所使用的材料寫在菜單上，準備一個房間讓員工做禮拜的企業也與日俱增。多元化的時代必須尊重各種不同的宗教。

為企業貢獻語言能力

重視多元化的時代

多元化不只是國籍不同，也意味著年齡及性別、遭遇及思考模式等各種層面的不同。**企業爲了接下來的發展，將會積極推動上述的多元化，雇用來自四面八方的人**，請想一想，這是為什麼呢？

第一個理由是為了確保擁有優秀的人才。不設限的以性別、國籍、有沒有障礙做為錄取的標準，爭取到優秀的人才才能更加提升企業的實力。再者，這種徵才態度對多元化的人相當有吸引力，也比較容易吸引到優秀的人才。

第二個理由是為了掌握多元化的需求。在一九五〇代到七〇年代的經濟高度成長期即使不用特別做什麼努力，企業的業績也會自動成長，現在就不一樣了，必須從千奇百怪的角度切入商品及服務的開

隨著越來越多元化，聚集各式各樣的人應該能激發出創新的意見及有趣的點子。另一方面，因為彼此的價值觀不同，可能也會產生衝突。推動多元化並不是一件簡單的事。

發，才能提升業績。坐擁多元化人才的企業才能具有各種刁鑽的角度，提供現代社會需要的東西。

第三個理由是一旦採取多元化，就能從不同的角度及經驗激盪出化學反應，也比較容易創造出新產品。倘若企業裡大多數的人都只有大同小異的角度及價值觀，就很難產生新的靈感。當擁有各種不同意見及角度的人聚集在一起討論，通常能一起創造出優秀的點子或企劃。

不要有性別成見

以「因為女人結婚、生產就會辭掉工作」為由，降低女性及格率的大學醫學系可不只一兩所，在二〇一八年還鬧上了新聞。這是基於「女人總是～」的成見所造成的歧視。相信任誰都知道不可以有這種成見吧。

然而，麻煩就麻煩在我們早已在不知不覺間養成「因為是男人」、「因為是女人」的既定觀念。例如「因為是男人，一定要出去工作……」「因為是女人，可能不適合這份工作……」。不妨留意一下，自己的潛意識是不是已經在工作觀或職業選擇上產生了這樣的偏見。所謂的社會是由個人的群體組成，為了建立起沒有偏見的社會，重點在於每個人都要有正確的概念。

若能肯定他人的個性、價值觀，自己也會被肯定

剛剛提過接下來的重點在於推進多元化。當多元化的年齡、多元化的國籍、多元化的環境、多元化的思考模式的人在一起工作，我們應該重視些什麼呢？無非是「對思考模式和價值觀與自己不同的人、遭遇也不同的人採取尊重、理解、互助的態度」。

舉例來說，職場上有些必須照顧老人或小孩，無法長時間工作的人。那些人處於就算想工作也無法工作的狀態，所以需要周圍的人給

A先生的工作模式

在保險公司上班的A先生為了三歲的大女兒，申請了縮短工作時間，可以將原本八小時的工作時間減少兩個小時，以便準時接送女兒上下托兒所。由於工作時間比較短，必須專心處理工作，自己無法完成的工作則放心交給上司或同事。

B小姐的工作模式

B小姐的行動不方便，只能坐在輪椅上生活，因此在可以在家工作的科技業從事她拿手的程式設計。利用網路上的聊天室或視訊功能與公司的人開會，上司每個月會來B小姐家一次，與她討論生活起居及工作上的問題，所以才能放心的工作。

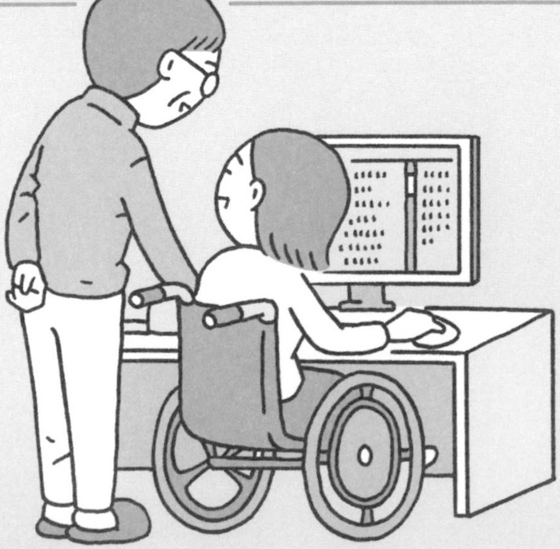

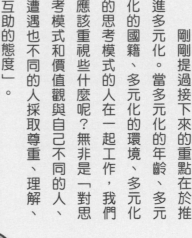

不要有「〇〇〇事情都是應該」的想法！

日本有很多企業從以前到現在都有認為「加班是應該」的陋習。因為這種陋習，導致員工死於過勞的新聞層出不窮。這種「什麼事情是應該」的陋習與多元化是相反的概念，會侷限人類的行動及生活方式。

自己認為是應該的事，與公司或整個社會認為是應該的事，對某些人來說可能是不合理的規定。所以請不要有認為什麼事情是「應該的」，而是以實現所有人都能活得自由自在的社會為目標。

C先生的工作模式

在家電製造業擔任工廠廠長的C先生已經滿六十五歲退休了，但後來又回到公司，指導在工廠上班的員工，舉行研討會，教他們技術。每週只要工作三天，不需要每天上班，但又可以發揮多年來的經驗，深受身邊的員工信賴，所以很有成就感。

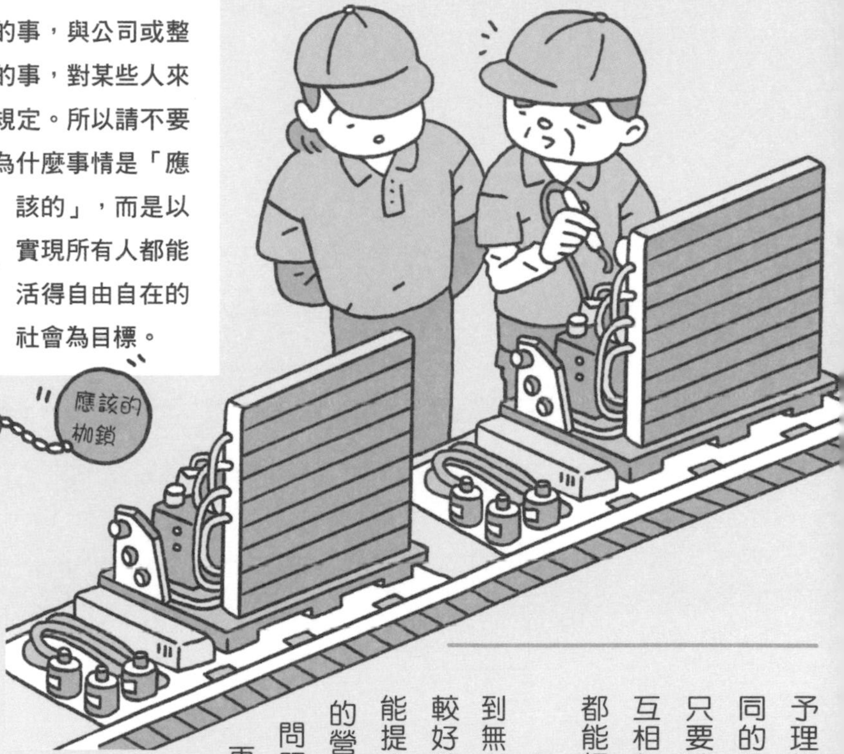

予理解與協助。往後若自己處於相同的狀態，也會需要別人的協助。只要讓職場充滿有困難的時候可以互相幫忙的意識，就會成為每個人都能輕鬆工作的環境。

另外，萬一外國人在職場上感到無所適從，不妨請教他們怎樣比較好做事，藉此改善環境，或許還能提升整家企業的表現，創造亮眼的營業額也說不定。別以為自己沒問題就好，考慮到其他人的心情再行動，這種貼心的態度在推動多元化的社會彌足珍貴。

尊重每一個人的思考模式、遭遇、工作習慣，對方也會尊重自己的思考模式、遭遇、工作習慣。不要侷限於年齡、性別、國籍、有沒有障礙，**為了實現所有人都能在工作上發揮自己的個性及專長，在這種理想中的社會，我們的心態至關重要。**

5-4

人生100歲時代的生存方式

重新審視自己的人生，邁向新的階段

根據日本厚生勞動省進行的調查結果顯示，二〇一八年的日本人平均壽命為女性八十七歲、男性八十一歲。隨著醫療的進步及人類對健康的注意，可以想像壽命會繼續延長，今後將進入「可以活到一百歲」的時代。

過去，人的一生分成「上學的期間」、「工作的期間」與「退休的期間」三個階段，一旦進入可以活一百歲的時代，這種生活模式勢必要有所改變。目前日本的企業多半規定六十到六十五歲就要退休，一旦可以活到一百歲，身體健康的人退休以後還有四十年左右的時間要過，

過去的生命運期
0歲
20歲
40歲
教育
工作
未來的生命週期
0歲
20歲
40歲
教育（學習）、
自由自在的工作、
當義工……

年滿六十五歲還活蹦亂跳的人也比比皆是。這種人退休後如果還有將近四十年的歲月不知該如何打發，未免也太浪費了。

那麼究竟該怎麼活下去才好呢？那就是要勇於挑戰，**靠自己的力量讓自己這一百年的人生過得充實一點。**

從學校畢業，開始工作後，如果有想做的事，就要勇敢嘗試。看是要換工作，還是要當成副業、去當義工、或者是當成興趣來做都可以。舉例來說，到了四十歲或五十歲的時候，還是可以去大學學習想學的知識。

從進公司上班的那一天，就一直努力工作到退休，認為老後是人生的黃昏，等於把自己的人生交給別人，可以說是十分消極的生存之道。請拋開這樣的想法，而是在拚命努力工作的同時，隨時重新審視自己的人生，學習自己感興趣的事物，思考自己想做什麼，並付諸實行。如果能採取這樣的生活方式，應該就能過上心靈充實，活到一百歲的人生。

副業讓人生更豐富？

除了正職以外，另外接的工作稱為「副業」。從事副業的理由因人而異，有的人是為了增加生活費、有的人則是為了實現自己無法在正職工作完成的夢想。也有很多公司基於「可能會影響正職」的理由，禁止員工接副業，「為了表現出對多元化工作方式的理解」而容許員工接副業的企業，也有逐年增加的趨勢。人生的結構在接下來的時代將與過去不同，利用副業拓展人脈及自己活躍的領域或許也是一種理想的生活方式。

80 歲
70 歲
60 歲
50 歲
退休
60 歲
50 歲
工作、副業、轉職。

拓展自己的活動空間
人生更充實

為了豐富自己的人生，其中一個方法就是要同時擁有好幾個自己所屬的社群（團體、場所）。大部分的人一旦開始工作，人際關係就會變得狹窄，只與工作上的人相處的時間越來越多。這麼一來，想法會

公司的交流
許多公司設有「福委會」，
所經手的業務包羅萬象，
例如公司內部的交流活動、人事安排等等。
這種社群主要是用於與部門同事的交流。

學生時代的社群
有些珍貴的朋友是即使大學畢業
已經過了十年以上，現在也還是碰頭。
大家都在不同的行業工作，
可以聽到各式各業的有趣見聞，
也能重新檢討自己及公司的想法。

勇於挑戰各種不同的事物、認識形形色色的人，是讓你的人生過得更充實的最好方法。

僵化，身為人類的活動範圍也會變得越來越狹窄。加入與工作無關的社群，與各種不同的人互動，想法才能變得比較有彈性。此外，由於自己在該社群中扮演的角色與自己在工作時扮演的角色不同，身為人類的活動範圍也會變得比較大一點，或許還能發現「原來自己也有這一面啊」。

以自己的興趣及關心的事物為中心，一點一點拓展活動的範圍，或許能讓自己不斷進化，讓人生轉換到始料未及的方向也說不定。

在可以活到一百歲的時代，即使已經開始工作，勇於挑戰新的事物，願意繼續學習新東西的態度很重要。就算心裡知道，但是要付諸行動其實非常困難。明明是往好的方向改變，人類還是會對變化心存抗拒。因為在每天都很忙碌的情況下，要嘗試新玩意兒實在很麻煩，所以會覺得還是照原來的方法過下去比較輕鬆。

然而，**只要肯踏出第一步，眼前就是全新的世界，可以交到新朋友，讓你的人生過得更快樂。**希望大家在未來漫長的人生都能勇敢跨出那一步，讓每天多一點變化，如此一來，你的人生就會過得更充實。

棒球社團的交流

一直打棒球到高中，
最近也想繼續再打，
於是上網搜索，加入附近的球隊。
起初很緊張，
直到知道附近鄰居也有人加入同一支球隊後，
現在玩得很開心。

教育義工團體的交流

在學生時代的朋友慫恿下，
答應去教育義工的團體幫忙，
在團體裡負責的活動是幫忙教無法適應
傳統補習班教法的孩子們功課。
我以前也想過要當老師，
所以能接觸到教育、幫助到別人，
我感到很開心。

上一份工作是在新興行業當業務，
但是卻對自己販賣的服務
沒有信心，也不知道對客人
有沒有價值，業績也不太好看，
但還是能領到薪水。
我認為如果對世人沒有貢獻，就不應該得到報酬，想從事能堂堂正正地說出「我幫到客戶」的工作，結果就遇到現在的工作了。
（保險公司業務 30歲）

長達42年的警察人生，
最後一年待的警察局轄區裡
有所謂的自殺勝地。
在工作時接觸到自殺者
「想活下去」的心情，
退休後成立了NPO法人。
（防止自殺NPO代表 63歲）

想從事跟酒有關的工作，
原本當公務員的我
選擇了酒保這項職業。
經過學習之後開了自己的店，
很高興自己的店
能成為許多人生活中的綠洲。
（酒吧老闆 44歲）

有一天，我把身體搞壞了。當一切都失去平衡的時候，又突然想起大學時代曾經全心全意投入的啦啦隊，於是選擇了現在的工作。
（啦啦隊 32歲）

在大餐廳工作十三年，
自己出來做。
或許會讓家人吃苦，
但我還是想自己創業，
想讓孩子們看見
我自己能接受的樣子，
所以才下了這個決心。
（餐廳老闆 38歲）

想在第一線工作，因而辭去了知名水族館的管理職，新的職場是鄉下的小水族館。
我很喜歡現在的工作，透過自己的服務讓客人露出笑容，這份喜悅是任何東西都無法取代的。
（水族館館長 61歲）

辭去穩定的上班族工作，
下定決心與家人一起回鄉下，
想依自己的想法工作，
而那份工作正是農業，
所以我選擇了種茶這個行業。
（茶園園主 53歲）

大學畢業後直接進了公司，
結果三個月就辭職，
接著做了三年半的自由業。
心想再這樣下去不是辦法，
既然要工作，
不如在嚴格的環境下逼自己成長，
於是選擇了現在的工作。
（保險公司業務 26歲）

第6章

最後，還想告訴你的事

在天氣真正變冷的十一月最後一個禮拜。
我正在準備三天後就要舉行的期末考。
滴答……
十點啦……
滴答……
為什麼一直不能專心呢？
換個地方吧。
咚
咚
哦？
你要在這裡看書啊？
總覺得提不起勁來。

第6話 為了未來能做的事

有時候會這樣呢。
社會一直背不起來，為什麼非得記住歷史上的那些人物不可呢？
媽媽以前也這麼覺得喔，總想著「明明將來絕對不會用到，為什麼非學這些不可？」
媽媽也這麼想過嗎？
當然想過啊，我也曾經是一個普通的小孩嘛。
不過啊，現在長大了，就能領悟到讀書很重要喔。
怎麼說？

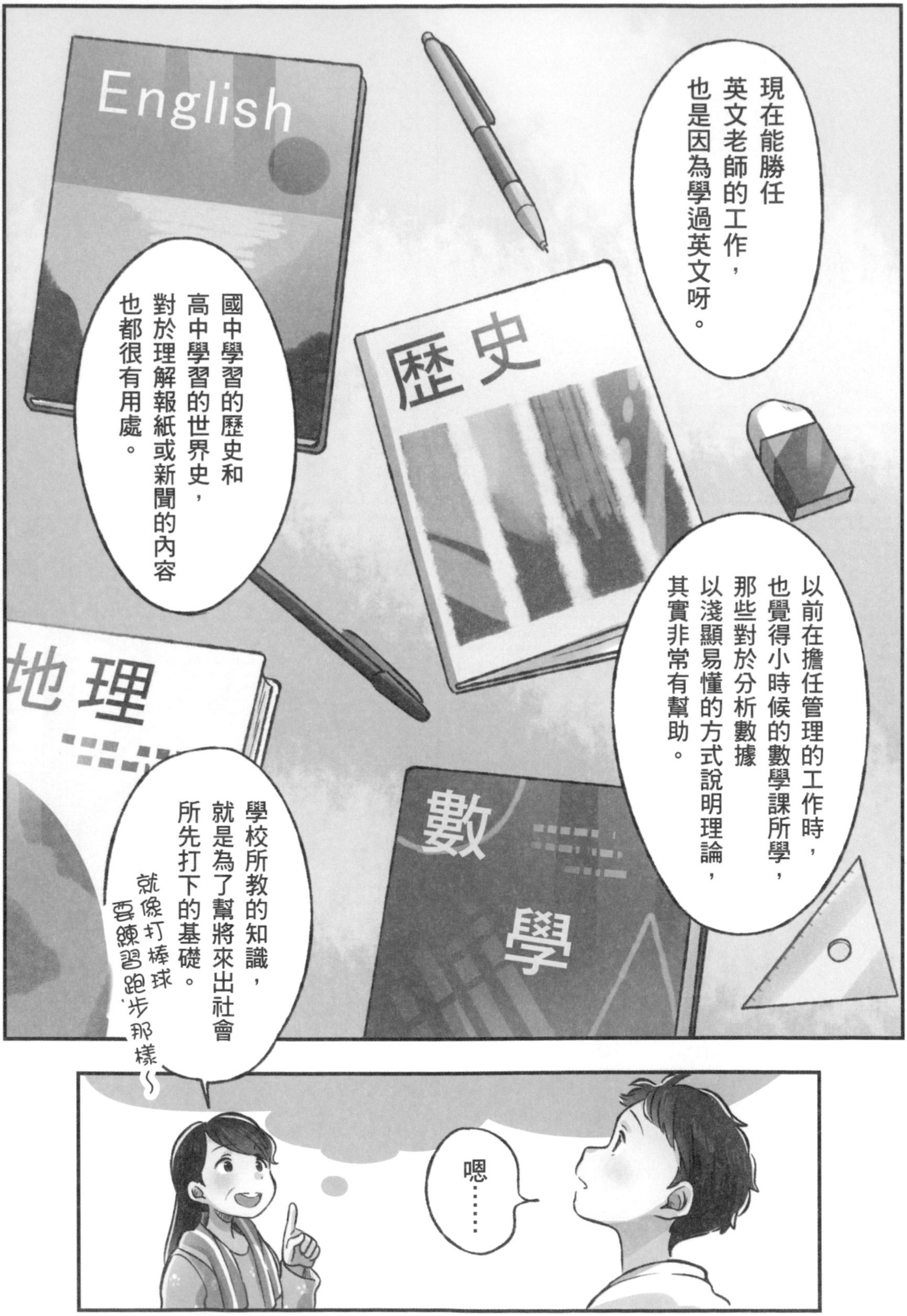
現在能勝任英文老師的工作，也是因為學過英文呀。
English
歷史
國中學習的歷史和高中學習的世界史，對於理解報紙或新聞的內容也都很有用處。
以前在擔任管理的工作時，也覺得小時候的數學課所學，那些對於分析數據以淺顯易懂的方式說明理論，其實非常有幫助。
地理
數學
學校所教的知識，就是為了幫將來出社會所先打下的基礎。
就像打棒球要練習跑步那樣～
嗯……

隼人很用功呢，那媽媽也必須更努力一點才行。
努力什麼？
預習明天要上的課啦。
老師也要預習嗎？
當然要啊！
我以前的工作是教上班族說英語，學生多半是有心向學的人，或是已經有一定基礎的人。
可是補習班的學生不是根本不想上課，就是完全沒有基礎，所以必須事先預習，先演練應該要怎麼教喔。

媽媽
對不起……
突、突然道什麼歉呀！
怎麼啦？
我一直覺得很過意不去……
都是因為我，才害得媽媽必須辭掉喜歡的工作，也不得不和爸爸分開來住……
唉
隼人，你不喜歡這裡的生活嗎？

不是這樣的喔，
外婆和小優阿姨
都對我很好，
我在這邊
也交到了朋友。
這樣不是很好嗎！
媽媽我啊，
不論是現在的生活，
或是現在的工作喔，
都很喜歡喔。
媽媽很高興能跟外婆一起住，
跟小優在一起也很開心。
還有五郎呀。
現在的工作也很充實，
帶給我許多跟以前
完全不一樣的全新體驗。

人生活在這世上，什麼事情都有可能發生喔。
有時候也會感到後悔，想著當時要是這樣、要是那樣就好了。但是呀，也不能一直被過去綁住。
我們要活在當下，只要現在能努力的去享受所有該做的事，應該就能擁有一個光明燦爛的未來。
所以，千萬不要覺得對不起爸爸媽媽。
嗯。

只要隼人能開開心心地過日子，就是爸爸媽媽最大的幸福了。
我明白了。
那就請你繼續用功吧！
了解！
這時候好像不適合打擾呢。
直接放在他的書桌上吧。
咚
咚
一直卡在我心中的那根刺拔掉了，那天晚上我睡得非常好。
早上起床的時候，才發現書的後續已經放在我的桌子上了。

6-1 為什麼要「學習」？為什麼要「上學」？

兩種不同的「學習」

自主性學習

學習工作需要的知識、取得資格都需要學習，為了深入研究有興趣的事也包含在學習裡面。這種學習並不是受到別人的要求才「勉強去做」，最好是自動自發的學習。

「學習」的兩種出發點

為什麼非學習不可呢？你有沒有想過這個問題？不妨分成「義務教育」與「自主性學習」這兩個角度來思考「學習」這件事。

自主學習是自動自發的學習自己感興趣的事或自己認為有必要的事。成人的學習大多是自動自發的，學習工作上需要的知識、閱讀想看的書、讓自己成長。應該有很多人都覺得這種學習很重要，同時也是適合自己的學習。

那麼，難道每個人都必須去學校的義務教育就不重要嗎？不，並不是這樣的。

首先，**去學校學習是爲了打好將來出**

社會的基礎。在學校學習的內容有相當大的部分都與如何在社會上脫穎而出有關。像是漢字或計算就很容易想像，歷史及理科也與生活息息相關。即使沒有直接的關係，也經常可以看到有人把在學校學到的知識及想法運用在工作上。

去學校學習也有助於拓展將來的選擇機會。如各位所知，在國中、小學到的內容也會出現在高中或大學的入學考試裡。在學校認真學習，得到學歷，找工作的時候就能有更多的選擇。

此外，在學校努力學習有時候也能帶來自信，例如「可以解開解不開的問題」、「有辦法教朋友了，朋友也很高興」，**認真地去學校學習，有了充滿自信的經驗後，就是了不起的成功體驗。**

課堂教學

義務教育

去學校學習各式各樣的科目，大概也有人會強烈感覺到「自己是被逼的」。可是去學校學習其實也是為了奠定出社會的基礎，獲得學歷，拓展將來的選擇機會。

獲得優秀成績

考上理想的學校

社會人士來回答，「長大以後，你認為有幫助的科目」是什麼呢？

第一名	國文	第三名	英語
第二名	數學	第四名	家政
		第五名	社會

・參考／根據「日本邁那比公司學生的窗口」（2015年）
＊以375位出社會的人進行問卷調查的結果

認為國文最重要的原因
・所有的工作都需要寫作能力。
・工作溝通時，也少不了良好的國語能力。

認為數學最重要的原因
・日常就經常需要計算。
・能夠有條有理的思考。

認為英語最重要的原因
・公司裡有很多外國人，所以英語很重要。
・有助於與國外客戶溝通。

認為家政最重要的原因
・能自己煮飯吃。
・等於是學會生存技能。

認為社會最重要的原因
・能敏感的察覺到社會上的脈動。
・能理解報紙上寫的內容。

學歷固然重要，但並不代表一切

學歷指的是有沒有念完國中、高中或大學等某個教育階段。學歷越高可以去面試的公司越多，可以進去想就業的企業的可能性也越高。另一方面，有些職業一定要大學畢業才能從事，例如學校老師或醫生等等。事實上，努力在學校學習確實能拓展未來的選擇機會，學歷可以說是就業時一種有效的資格。

然而，**學歷並非最重要的資格**。根據日本文部科學省的報告，統計日本大學的升學率約為53.7%

出社會之前的經歷

A同學的範例

國小時代

不太喜歡讀書，更喜歡活動身體。高年級的時候加入當地的球隊，每天都忙著踢足球。

國中時代

加入足球社，每天都忙著參加社團活動。升上三年級，高中考試迫在眉睫，雖然拚命學習，還是沒能考上第一志願的高中，而是進入第二志願的高中。

高中時代

繼續加入足球社，但是一年級的冬天發生車禍，不得不離開社團。成為足球選手是他的夢想，但是再三考慮之後，決定改當體育教練，與運動選手共同成長，以考上專科學校為目標。

專科學生時代

以成為訓練師為目標，努力學習的過程中，發現讓一般人了解運動重要性的教練工作也很迷人。想過將來要開一家屬於自己的健身房。

CHECK!

A同學因為受傷，開始思考自己的未來，為成為體育老師而努力，但也同時思考成為運動教練的可能性，邊用功讀書，邊不斷思考自己的未來。

（2019年），表示高中畢業的人將近一半（46.3%）都沒有上大學。學歷種類繁多，有人大學畢業、有人短期大學畢業、有人高中畢業、有人專科學校畢業或高職畢業，也有人國中畢業。能不能找到自己想做的工作，過上充實的每一天與學歷無關，**最重要的關鍵在於有沒有認真的思考過自己到底想做什麼。**

反之，最糟糕的是莫過於只顧著提升學校的成績，不去思考自己的夢想、自己想做的工作。這麼一來，**即使考上再好的學校，也找不到想做的事，等到真正要找工作的時候就會毫無頭緒。**並非只要努力就能得到適合自己的工作，重點在於一面在學校努力學習，一面思考自己想做什麼工作、想選擇什麼樣的生活方式。

B同學的範例

國小時代

從四年級開始補習，在學校的成績非常好。不太喜歡運動，比較喜歡玩遊戲。

國中時代

國中加入科學社，在學成績十分優異，父母都很高興。順利地考上當地的頂尖升學學校。

高中時代

上了高中以後，成績一樣優秀，老師也建議他去考當地的國立大學，父母則希望他去考法律系中門檻最高的大學。他為了不辜負父母的期待，拚命用功，如願考進志願。

大學時代

考上法律系之後才逐漸明白，自己對法律其實沒有那麼大的興趣，開始覺得在大學上的課很痛苦。直到找工作的時期已經逼到眼前，卻還不知道自己想做什麼工作。

CHECK!

B同學光靠成績優秀就能獲得大人的讚美，所以一路走來只知道用功讀書。用功讀書本身不是件壞事，但是如果能稍微考慮一下自己的將來，或許就能避免陷入這樣的狀況。

沒有高學歷，人生也可以很精采

學校是學習如何在社會上生存的地方，非常重要。但是以日本為例，在二〇一八年時，全日本拒絕上學的中、小學生已多達十四萬人以上。沒有到學校接受教育的人，或許會擔心將來是否真的能成為獨當一面的大人、找到工作，或懷疑自己是否已經沒有光明未來。

別擔心，根據統計，平均每班都會有一個拒絕上學的中學生，拒絕上學的小孩現在已經沒那麼稀奇了。硬要說的話，學校其實是個比較特殊的地方，與社會略有不同，都是同年齡的人齊聚一堂，只需要遵循所謂的校規即可。在學校這個框架裡找不到容身之處而拒絕上學的人，長大以後在社會上找到立足之地，發揮得有聲有色的例子不勝枚舉，**不必擔心因爲沒到學校，就絕望的認爲是沒有希望。**

如果現在正在看這本書的你，就是拒絕上學的小孩，我只想告訴你一件很重要的事，那就是不要一個人躲在家裡，希望你能試著找點

曾經拒絕上學的人 人生經歷告白

我在小學高年級的時候受到霸凌，開始不想去學校，最後演變成拒絕上學的小孩。剛上國中的時候曾經去過學校，但是小學欺負過我的人也在同一所國中，所以我馬上又拒絕上學了。幾乎有一整年的時間幾乎什麼也沒做，就只是在家裡上網，但是又慢慢產生想念高中的念頭，所以就在父母的建議下去上自由學校，那裡有很多像我這種拒絕上學的小孩，令我鬆了一口氣。考高中時，我選擇位在遠方，欺負過我的人絕對考不上的學校。順利考上後，每天都很快樂地上學，也交到稱得上是知己的好朋友。現在為了考上大學的社工系，每天都很努力念書。

事來做。不用著急，只要依你想行動的時機採取行動就行了，像是去興趣相投的人聚集的地方，或是去專門給拒絕上學的人念的自由學校。只要能在學校以外的地方找到自己的容身之處，心情應該就會輕鬆一點。人生很不可思議，只要試著踏出一步，就能得到做夢也想像不到的光芒照耀，**不要垂頭喪氣，請照著你自己的步調往前進。**

好好的運用不在學校的時間

18歲創業的小幡和輝先生有大約10年拒絕上學的經驗，在他的著作《不去學校也沒關係》中提到，光從拒絕上學這件事來看，或許是一件壞事，所以要利用不在學校的時間，找到足以被人誇讚的事來做，好好研究這件事，讓自己能驕傲地說出：「我沒去學校，但是我有這種能力喔！」這句話。即使在學校找不到容身之處，也一定能在社會上找到自己的立足之地。不去學校不一定就會變得悲慘。

我從國中二年級就開始不想去學校，結果成了拒絕上學的小孩。父母都質問我：「為什麼不去學校？」但是就連我自己也不知道。事後回想，大概是無法適應學校本身吧。我沒上高中，但是因為很喜歡動物，想進大學研究動物行為學，於是去就讀以拒絕上學的小孩為對象的補習班，接受同等學力的測驗，取得能考大學的資格，進而考上第一志願的大學，現在每天都很享受以前一直很想研究的學問。我想繼續學習，念研究所，將來留在大學裡當研究員。

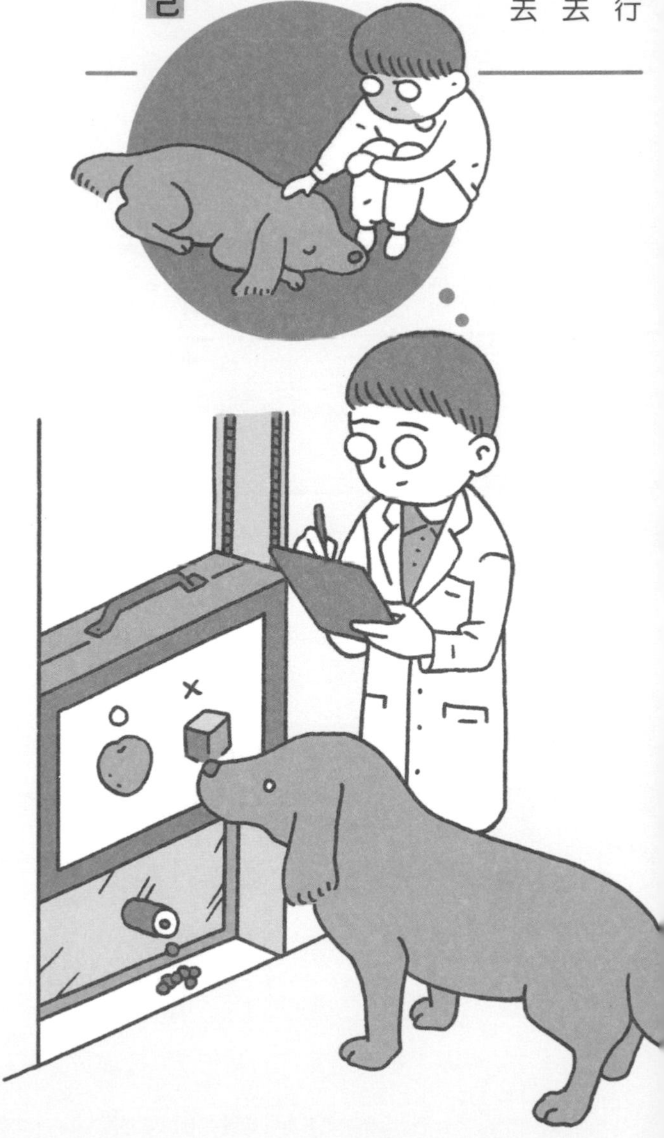

6-2 所謂的「溝通能力」是什麼？

溝通能力的解釋因人而異

你一定聽過，出社會工作以後，溝通能力是很重要的。「溝通能力是父母最希望子女擁有的能力」、「企業最重視求職者的一點，就是溝通能力」也有諸如此類的數據。那麼，溝通能力好的人是指什麼樣的人呢？有很多朋友的人？擅長逗人發笑的人？很懂得察言觀色的人？其實都是，但好像也都沒有說到重點。

「溝通」這個字在字典上的意思是「表達在社會上生活的人與人之間的知覺、情感與思考」。換句話說，「溝通」是指「讓對方知道自己的想法，自己也理解對方想說什麼」。聽起來似乎是一種不需要思考的行為。溝通能力就是充分表達自己在想什麼，同時也仔細傾聽對方在說什麼的能力。

煩惱著自己溝通能力不好的人當中，有很多都是把溝通能力看得太特別，因此喪失自信的人。舉例來說，基於「沒什麼朋友」或「無法逗人發笑」的原因，就認定自己沒有溝通能力是不對的。能逗笑別人、與別人流暢地交談只是溝通能力的一小部分，請不要太過緊張，以免喪失自信。

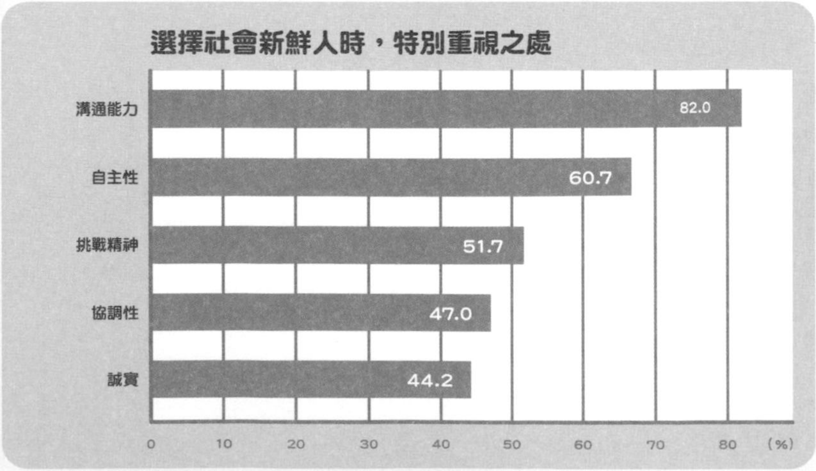
選擇社會新鮮人時，特別重視之處
溝通能力
82.0
自主性
60.7
挑戰精神
51.7
協調性
47.0
誠實
44.2
0
10
20
30
40
50
60
70
80
(%)

・依日本經濟團體連合會「錄取畢業生的相關問卷調查結果（2018年度）」的資料製作而成

善於溝通的人，擁有哪些特質？

善於談笑風生

能逗到大家笑出來，其實就是很會說話的證據。但是如果靠調侃別人逗大家發笑，以為只要能讓大家笑出來做什麼都可以的話，都稱不上是良好的溝通。

善於察言觀色

可以從現場的氣氛察覺到狀況，判斷自己該做什麼、不該做什麼的人。只不過，萬一察言觀色太過頭，不敢表達自己的意見，反而不是良好的溝通。

性格隨和友好

善於觀察周圍的氣氛，能立刻配合演出的人。炒熱氣氛的能力固然重要，但是這和表達自己的意見及想法的溝通能力是兩回事。

交友廣闊

擅長跟別人說話的人通常都能交到很多朋友。有時候乍看之下感情很好，但其實只有某個人自顧自的發表。在溝通的時候，絕不能忘了要把彼此的想法或心情都表達出來。

勇於在大眾面前表現自我

敢讓大家知道自己的意見，也是一種優秀的溝通能力。然而，要是只顧著表達，少了傾聽對方說話的態度，也稱不上是良好的溝通。

鍛鍊「溝通能力」，讓人生更寬廣

溝通能力之所以不可或缺，無非是因爲人生在世不能缺少別人的協助。工作上需要與不是朋友的人，甚至是剛認識的人一起通力合作。在第一章也說明過，這個世界是透過工作把許多人連結起來。除了工作以外，與別人建立關係也很重要，能藉此了解自己不知道的事，拓展自己的活動範圍，讓人生變得更加豐富。

至於要如何巧妙的與別人溝通，重點多到可以寫一本書，以下先為大家舉出兩個重點。

首先是要爲對方著想。好比想表達什麼事的時候，能為對方考慮「這樣說明，他聽得懂嗎？」、「事先整理成簡單明瞭的重點」這樣更有利於表達。另外，在聽對方說話的時候會點頭附和，不讓對方感到不安的人，也會給人和你對話很輕鬆的印象。擅長溝通的人無論是表達還是傾聽的時候，都會考慮到對方再行動。

還有一點很重要的是在表達自己的意見時不要顧慮太多。自己覺得不願意，就應該老實的說不願意；自己覺得不能接受，就應該乾脆的說你不

為對方著想

注意表達的方式

努力想表現得讓對方比較容易理解、容易接受的人，是懂得為對方著想的人。

在對話中適時附和

適時點頭附和，或加入「哦～」、「原來如此」等回應的詞彙，等於是在暗示對方自己正在聆聽。

能接受。

我們很容易察言觀色不說話，或者是附和別人說的話，尤其當自己置身於團體中，更容易出現「不能破壞現場氣氛」的傾向。然而，溝通其實是「充分表達出自己的想法」。察言觀色並不等於溝通能力高強。

只要能掌握住這兩個重點，工作或私生活的溝通應該都不成問題，願意助你一臂之力的同事及朋友會越來越多，你的世界也會越來越寬廣。

表達自己的意見

我反對！

意見的表態

坦率表達自己正面或負面的意見，
也是很重要的一件事。

如何在社群網路的時代表現自己？

這是每個人都能自由表達言論的時代，充滿夢想的同時也有風險。例如在社群網站上發表的意見可能會引起某些人的反感，遭受網民攻擊，甚至本名或住址都被挖出來。即使只是自己對著智慧型手機留言，問題是一旦傳送到網路上，等於是和世界各地不特定多數的人說話，所以請想清楚再發言，不要說出會令人感到不愉快的話。

我試了○○！
看起來好漂亮。
噁心～
無聊透頂。

請等一下！
那這件事就這麼定了……

不用太過小心翼翼

討論或開會時，議題往奇怪的方向發展時，不要只是附和，
提出自己的意見、改變議題方向也很重要。

6-3 每個人都有屬於自己的人生道路

「獨立思考」的重要性

在學校與朋友一起度過，下了課則與補習班的朋友一起度過，回到家也繼續在網路上與朋友互動，應該有很多人的生活都是這麼過的吧？朋友確實很重要，確實能豐富我們的人生，擁有感情融洽的朋友是一件好事。

只不過，與朋友相處的時間太長，有時候也有壞處。像是會配合大家行動，搞不清楚自己到底想做什麼，認為和

小宮書店
偶爾也要遠離人群
妥善處理人際關係是一件非常重要的事
一個人散步…
去圖書館看書…

假日在家裡滾來滾去也不錯

藉由凝視自己的內心，
就能找到新的夢想或生活方式，
或者是整理自己的思緒。

大家在一起很放心，放棄獨立思考的能力。這種狀態長久下去，也有人會迷失自我，不知道自己的人生想怎麼活下去。

為了不變成那樣，重點在於「獨自靜心思考的時間」，例如一個人在附近散步、去圖書館借書回來看，也可以待在自己的房間裡，關掉手機電源，寫下將來想做的事。擁有獨自思考的時間，可以讓人成長。**一旦能一個人思考自己想怎麼活下去，就表示你也快變成大人了。**獨立思考越早開始越好。

「天下沒有不散的筵席」，不可能永遠跟朋友在一起，一起進同樣的學校，一起做同樣的工作，**我們都必須在某個時間點選擇自己的生活方式。**這麼一來才能開拓出一條屬於你自己的人生道路。

依靠「閱讀」進行兩方面的對話

閱讀是與作者對話。世界上有各式各樣的書，每本都有作者和編輯，每本書都承載了那些人的想法。

另一方面，我們也能透過閱讀與自己對話。針對作者寫的文章，我們會自問自答「我怎麼想？」、「我的人生與書中人物的人生比起來……」、「我對這個問題的想法是……」藉此面對自己。

讀書可以與作者對話、與自己對話，讓人的精神有所成長。

不要只做「好孩子」，邁向獨立思考的大人之路

聽話、用功讀書，就能得到父或大人「真是個好孩子」的讚美。被稱讚很開心，所以會嚥下自己的意見或想法，扮演父母或大人要求的「好孩子」。這麼一來遲早會忘記該如何表達自己的想法或感覺。越是認真善良的人，卻容易陷入好孩子的迷思。

然而這也是一種壞習慣，不重視自己的想法或心情，把人生的選擇交給別人。長期扮演別人要求的

用功讀書，
上好學校！

想和朋友一起玩
放假也要認真讀書！
假日想和朋友去露營
雖然有想做的事，
但還是算了。
嗯！
我會加油！
不要看跟考試無關的書！
想讀有興趣的書
現在先不要想將來的事！
dream
思索將來

「好孩子」，長大以後萬一人生不如自己所願，會很不甘心吧。但就算抱怨「明明都照大家所說的做……」對方也只會覺得是你自己選擇這樣的人生吧？沒人能救得了你。為了不變成那樣，**重點在於要意識到「只有自己能對自己的人生負責」，以及做好「自己的人生由自己創造」的心理準備。**

周圍的大人為了不讓你失敗、不讓你吃苦，大概會給你很多忠告或建議。那都是為了你著想，但我希望各位先虛心聆聽，再用自己的大腦決定要不要接受，因為照別人說的生活並不能為你帶來幸福。**你才是你人生的主角，不要把自己的生命交給別人，重視你自己想做的事，過上能讓自己接受的人生吧。**

我認為
私立學校
比較好喔

想和朋友念
同一所學校
這樣做
真的好嗎……？

不要被「平凡」限制！

有人認為「平凡就是幸福」。只要跟大部分的人一樣而感到放心，但是這種想法有時候會作繭自縛。因為「平凡就是幸福」這種想法的背後其實是「不平凡就會不幸」的概念。

假使「考上還不錯的學校」、「收入不要差別人太多」、「大概到了幾歲就要結婚」就是「平凡」，大概也沒有多少人能完全實現這些無數的「平凡」。大部分的人一定都會有一些與這些「平凡」不一樣的地方，所以不需要對有無做到這些平凡事而斤斤計較。

其實「平凡」或「不平凡」沒有標準可言。就算有，也只是某些人擅自制定的標準。揮別世人眼中的「平凡」與自己用來限制自我的「平凡」，重新思考一下，自由選擇自己想活的方式，享受屬於自己的人生吧。

平凡

挫折及困難，讓你變得更溫暖強大

人生路上會發生許多大大小小的痛苦經驗及不甘心的回憶，如果原因出在自己身上，就要好好反省。有時候明明已經盡了最大的努力、下了最多的苦工，還是無法靠自己的力量扭轉局面，或是自己也不曉得為什麼會變成那樣，想破頭也想不出答案來。這時候，請暫時讓自己的心好好休息一下。

人生在世，有很多靠自己的力量無法改變的局面，有時候再怎麼努力也得不到回報。如果正處於痛苦的漩渦，不需要逼自己表現出有精神的樣子。不開心的時候，「時間」與「旁人的體貼」是特效藥，時間會沖淡不開心的感覺，也可以跟信賴的朋友聊

在社團沒被選為正式選手

人生難免會有受挫或痛苦的經驗，會遇到無法心想事成、令人難以接受、莫名其妙的事。感到失落或沮喪的時候，不妨暫時休息一下，讓心情沉澱下來。重點在於不要自怨自艾，等到打起精神的那一天，再充滿活力的採取行動。

聊天，或者是請對方陪伴在身邊。表現出脆弱的自己絕對不是什麼丟臉的事。覺得一個人快撐不下去的時候，不妨向旁人求助。這麼一來，就能慢慢恢復精神。

或許每個人都不想經歷挫折或困難、沉重的壓力，但是這些挫折都能讓人顯著的成長。一旦克服重重難關，精神會變得比較強大，**不會再因爲一點困難就感到挫折，內心也會變得比較柔軟，能體會受苦的人心裡在想什麼，向他們伸出援手。**

加強「心理韌性」

即使陷入困境，也能積極向上的行動力、即使經歷挫折，也能東山再起的恢復力稱為「韌性」。這是讓身心保持健康、在工作上表現出成果時不可或缺的要素。控制自己的情緒，即使失落也不過度沮喪，永遠保持努力就能做到的心情，從痛苦的經驗中記取教訓、改變自己等等，可以透過意識、行動強化自己的韌性。

在瞬息萬變的現代社會，經歷失敗或壓力是必經的過程。重點在於不要害怕、逃避，而是好好的面對每一件事，才能避免心靈受挫。

6-4
你擁有無限的可能性

小時候的我們，都很有自信？

擁有自信，就能在未來擁有一片天

我們都曾經有過天不怕、地不怕的時期，那就是當我們還是小嬰兒的時候。小嬰兒一開始還不會走路，但小嬰兒不會「因為害怕跌倒」就放棄走路，也不會自暴自棄的認為「自己沒有走路的天分」。而是一再失敗、一再跌倒、一再挑戰到成功為止，終於學會走路。小嬰兒不怕失敗，說不定他們還會很有自信的以為「只要勇於挑戰，遲早一定會成功」。這才是人類最原始的樣貌不是嗎？

但是現在的你是什麼樣子呢？是不是明明有想做的事，卻認為自己辦

相信自己，勇於嘗試吧！

說不定辦得到！
只要勇於挑戰，
應該就能
有所成就！
從小就沒挑戰過
任何事，
將來也什麼
都不敢做吧……

不到，因為不想失敗，在心裡踩了煞車？這種人請先相信自己的實力及可能性，就算是無憑無據的信心也沒關係。不要害怕失敗，自信才是讓人生積極向前的原動力。

然後是能辦得到的事就要勇於嘗試。如果有想從事的職業，先看書或上網查要怎麼從事那份職業，整理出自己應該做的事。如果你是膽子比較大的人，還可以鼓起勇氣寫信問自己崇拜的人。要是能收到對方的回信，肯定很開心，就算寄出去的信石沉大海，鼓起勇氣付諸行動的事實也會加強你的心理素質。

現在的你或許還不夠「堅強」，但也不用因此就對未來感到悲觀，因為你還會繼續成長。**現在的你如果太過於看輕自己的價值，未來就不會閃閃發光。**現在的你如果能充滿自信的待人處事，未來的你，或許能闖出一番大事業也說不定喔！

比盯著不如人的地方，不如專注辦得到的部分

在學校要學習很多科目，學習那麼多科目是為了讓自己具備各個層面的知識，也是為了讓自己發現真正感興趣的學問及擅長的領域。

然而，看在小朋友眼中，可能會覺得「每一科都要取得好成績」「必須學會所有的事才行」。然後與別人比較成績，也被別人比較，認為成績不好的自己沒有出息，這是非常令人嘆息的一件事。

說得更直接一點，**就算有不擅長的科目，就算有很多不擅長的事，對於要活下去也不會造成太大的問題。**這是因為長大以後，不用什麼事都自己一手搞定。不妨以學校的老師為榜樣，就算沒有美術的知識也能教數學，就算不會說英語也能教社會。只要在自己的領域裡做好自己該做的

不要在意別人的評價
我很擅長數學嘛！
繼續挑戰更難的
數學習題吧！
數學97
英文69

太在意別人的評價
我的數學好爛……
再這樣下去，
別人可能會覺得我成績很差。
考不好可能也會
被其他人瞧不起……
數學69
英文97

事，由別人來補足自己辦不到的地方就可以了。大人的世界是在彼此都不是完美無缺的情況下靠互助合作成立的，沒有人無所不能，也不用成為無所不能的人。

　大人也是這樣，所以請別只看著自己辦不到的部分，認為「自己既沒有天分也沒有才華」。比起為此耿耿於懷，還不如專注於自己擅長的事、喜歡的事、感興趣的事。當這些事情越做越好，你會很開心，也能產生自信。學校的課業當然重要，但是不要失去自信更重要。請發掘「這個我辦得到」「我也有這項專長」「我對那種事有興趣」，勇於嘗試各式各樣的挑戰，把蘊藏在各位心裡的可能性發揚光大。**辦不到的事交給別人就好了，你只要做好自己能做的事、想做的事，有朝一日再去幫助其他人。**

彼此不擅長之處互助合作

可以嗎？
要不要幫忙？
我不太會這個，
可以教教我嗎？

以為能靠自己一個人搞定

假裝沒看見
好了。
啊，謝謝。
我自己來就好……

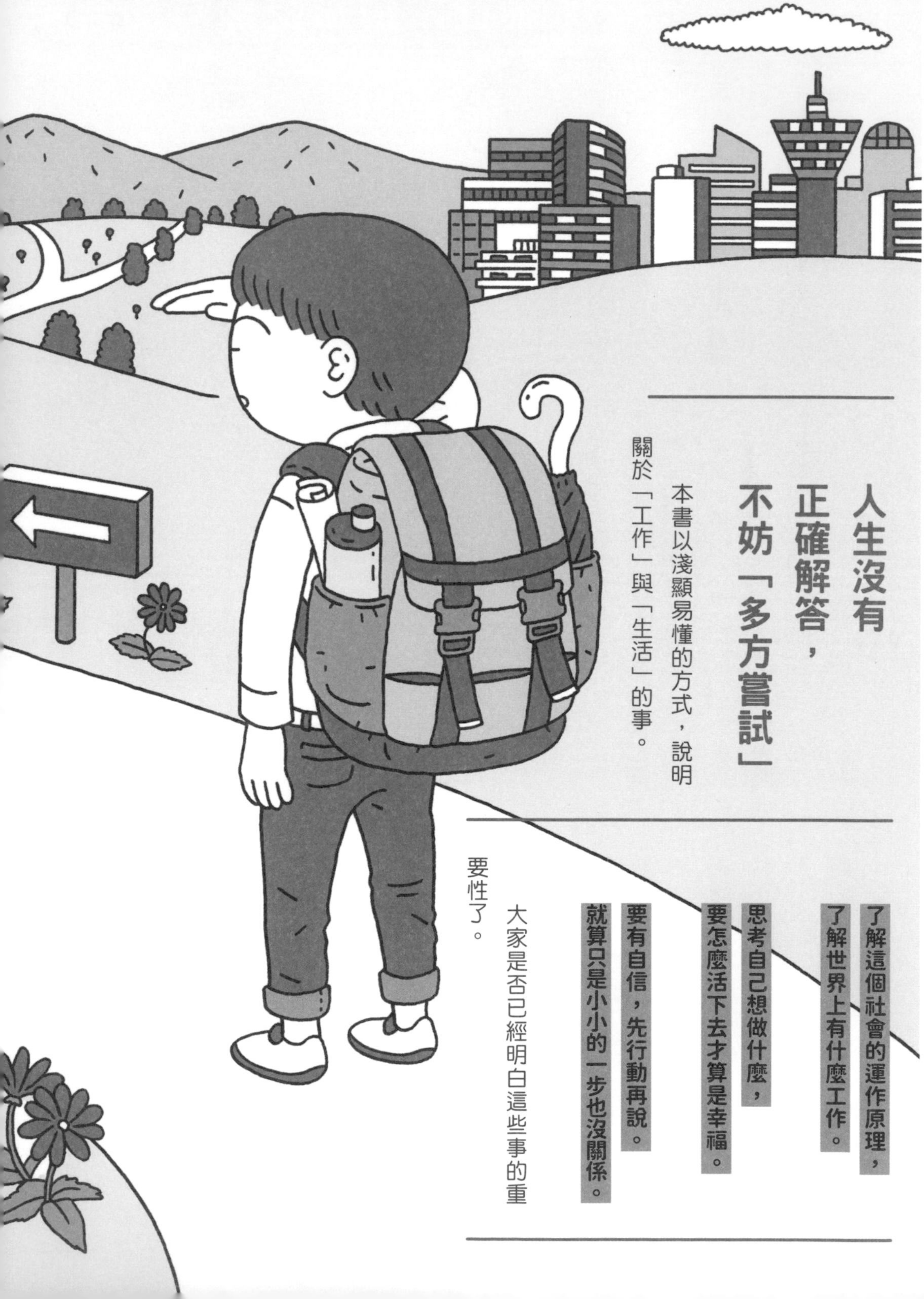

人生沒有正確解答，不妨「多方嘗試」

本書以淺顯易懂的方式，說明關於「工作」與「生活」的事。

了解這個社會的運作原理，
了解世界上有什麼工作。
思考自己想做什麼，
要怎麼活下去才算是幸福。
要有自信，先行動再說。
就算只是小小的一步也沒關係。

大家是否已經明白這些事的重要性了。

不過，這本書的內容並不是你要做什麼工作、過什麼日子的正確答案。**因爲人生本來就沒有正確解答。**

沒有正確答案就意味著要怎麼做都行。學才藝、看書、打電腦、參加活動、上網留言……請放心大膽地去做你喜歡的事、擅長的事、感興趣的事。等你長大以後再回頭看這些收集到的經驗，應該會覺得「正因為當時的我對那件事很著迷，才有現在的我」。目前或許還不知道那件事是什麼事，只要先產生你這個人是由拚了老命去做的事構成的概念就好了。

誰也不知道未來會怎樣，或許會有不安，就算長大也還是會對未來感到不安。但既然什麼都不知道，比起害怕，充滿好奇心應該會活得比較快樂。別怕失敗或別人怎麼看，請保持積極的態度去接受各式各樣的挑戰。**你有無限的可能性，你其實無所不能。**如果你想好好享受自己的人生，就要採取行動，因為只有自己才能開拓自己的未來。

「今後也想繼續向你領藥。」
聽到這句話，我充分感受到自己
珍惜與患者之間的對話是沒錯的。
在每次都想放棄的時候，
這句話都會從背後推我一把，
給我勇氣。
（藥劑師 25歲）

老是從窗戶逃走的學生在公車上朝
我揮手。就在那一瞬間，
感覺我們心意相通了。
「啊，他向我敞開心房了……」
我的目標是就算失敗也沒關係，
還是要抱著必死的決心，
理解學生的心情。
（特殊教育學校老師 26歲）

「了解食物的生產過程，
了解一切都可以靠自己製作，
對食物產生興趣，
開始覺得吃東西是一件很快樂的
事。」客人笑嘻嘻地說出這句話，
讓我感到非常溫暖。
（農場工作人員 25歲）

「我想當幼稚園園長。」
這是兒子寫在作文裡的句子。
原來在兒子眼中，我看起來閃閃發
光，很快樂的樣子。感覺在什麼都
還不會的情況下，一路埋頭苦幹的
努力全都得到肯定了。
（幼教師 30歲）

「我買這家店的蛋糕回去，
大家都很喜歡喔。」
聽到客人這麼說的時候。
為了讓自己和吃蛋糕的人
都能露出笑容，
我一直提醒自己不要忘記初衷。
（西點師傅 23歲）

聽到我負責的漫畫家說：
「這份工作是你的天職呢。」
我對幫助別人表現出優點
很有自信，
接下來也想繼續從事
把感人的事物
介紹給世人的工作。
（漫畫編輯 32歲）

婚禮後，有人會告訴我：
「我們生了小孩。」
聽到他們的消息，
會覺得自己努力的方向沒有錯。
（婚禮規劃師 26歲）

「好捨不得這家店關門。」
以前上班的書店歇業時，
經常推薦書給我的女生這麼說。
我認為我已經讓大家明白，
看書是一件令人怦然心動、
興奮期待的事了。
（書店店員 44歲）

結語

三月——
結語
想告訴你的事
今天的天氣真好。
這種天氣最適合去賞花了。
我要大吃大喝！
爸爸快到了吧？
大概再15分鐘左右吧？他說他已經到車站了。
叮咚！
咦？這麼快就到啦？
啊，大概是我的快遞。
開門

已經有幾年沒有全家一起賞花啦？
看起來好好吃！
大家快看！書送來了喔～～
我們為什麼要讀書？為什麼要工作？
太好了～
我瞧瞧，裝訂得好精美。
終於完成啦！
咦？
嗯？外婆和媽媽都知道這本書啊？妳們也看過嗎？
看是沒看過，但是有聽過。
？？？
對吧？
對呀～
隼人，
你仔細看這本書的封面！
嗯？

作者
吉田 航太
作者，吉田航太……
欸!? 爸爸寫的!?
奇怪，爸爸怎麼會寫書？
姊夫不是在人才派遣公司上班嗎？
以前介紹工作給我的編輯很欣賞姊夫，所以拜託他寫的。
怎麼？
大家都知道嗎？
知道啊～
呵呵呵
爸爸去年很忙，沒什麼時間來看我們對吧？
那是因為他說他要「專心寫作」，週末假日都在拚命寫這本書喔。

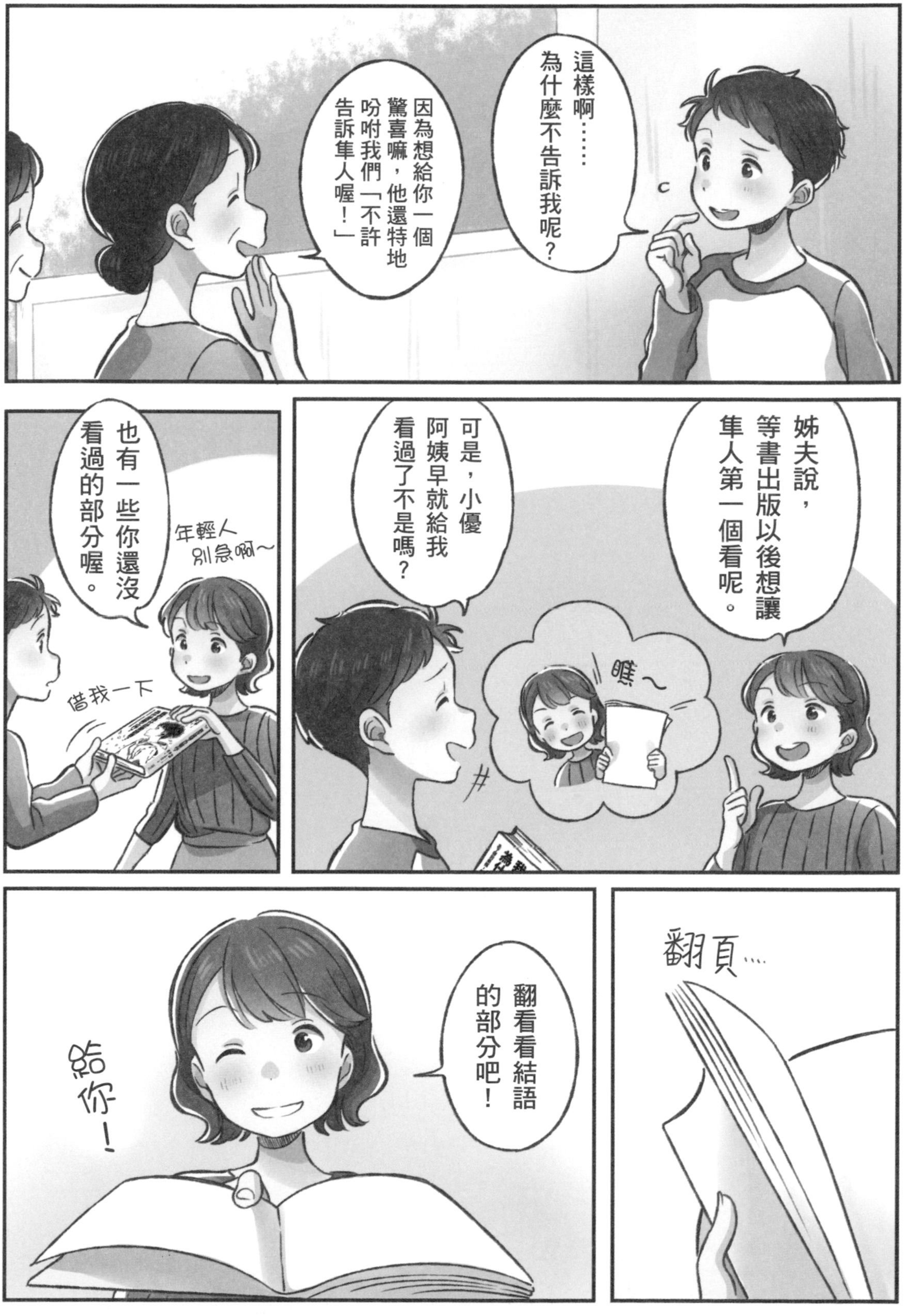
這樣啊……為什麼不告訴我呢？
因為想給你一個驚喜嘛，他還特地吩咐我們「不許告訴隼人喔！」
姊夫說，等書出版以後想讓隼人第一個看呢。
可是，小優阿姨早就給我看過了不是嗎？
瞧～
也有一些你還沒看過的部分喔。
年輕人別急啊～
借我一下
翻頁……
翻看看結語的部分吧！
給你！

接過
結語上寫著爸爸幫助過許多人轉換跑道，還有為什麼要寫這本書的來龍去脈。
這邊是爸爸想透過這本書，告訴大家的想法和事情。

「我們為什麼要讀書？為什麼要工作？」
面對這個問題，
一百個人大概會有一百種答案。

即使是同一個人，
答案大概也會隨著
他的工作環境、年齡和
家庭狀況而改變。

沒有正確解答。
雖然沒有正確解答，
每個人都有自己的一套答案。

「我們為什麼要讀書？為什麼要工作？」
要不要和家人討論一下這個話題？

認真跟家人討論認真的話題，
可能會有點害羞也說不定，

但是對於講出重點的大人
和可以聽到重點的小孩而言，
肯定都會變成難以忘懷的一天。

但願這本書
能協助各位開啟與家人的對話，
陪伴許許多多的孩子們一起成長。

最後，
非常不好意思，
我想利用這個機會，
對我兒子說一句話。
隼人，
這次我之所以接下這本書，
是因為希望能夠
盡量助你的未來一臂之力。
你度過了一段很辛苦的日子呢，
以前沒有過的經驗、
不知該如何是好的狀況，
都讓你覺得心很累，
一定很痛苦吧？
幸好你已經重新站起來，
積極地面對明天了。
現在的你，
精神上應該比以前更成熟，
也能了解別人的創傷，
成為更溫柔的人。
從今以後，
你大概還會遭遇到
各式各樣的困難與挫折。
可是，
希望你每次都能振作起來，
積極的迎向明天。
別擔心。
沒有人的人生能
從頭到尾過得一帆風順，
但是也沒有失敗過一次
就再爬不起來的人生。

我們全家人
都從你的笑容得到撫慰、
為你的成長感到喜悅、
因為你的存在受到鼓舞。
你生在我們家的這件事本身，
對我們來說就是一個奇蹟。
你光是活著
就有意義。

當你需要協助的時候，
我們一定會盡全力幫助你。
當你需要支持的時候，
我們一定會喊破喉嚨
來為你加油。

千萬別忘了，
你不是一個人。

我很期待……
有一天能跟你一起喝酒，
討論你的工作或家庭的事。
吉田航太
姊夫真會說話～
那當然，畢竟是我挑的老公嘛。
輕拍
叮咚—
說曹操……

開門
我來囉！好香啊～
拍拍
大作家歡迎光臨啊～
什麼嘛，妳已經給他啦，我還特地帶來說……
爸爸……
謝謝您。

我會好好加油的。
嗯，加油喔。
爸爸也會繼續努力的。
不過，
不要太勉強囉。
各位，賞花的道具準備好了，出發去公園吧！
耶——!!

我後來又看了好幾次爸爸寫的書，對我來說，這大概是很重要的一本書吧。
就像這棵櫻花，也是因為幾十年前有人有計畫地種植，拜那些人所賜，我們才能享受到賞花的樂趣。
也是因為有這本書，我才能像這樣，拓展自己的視野。
我將來會從事什麼樣的工作呢？
雖然目前還不曉得答案，可是我決定要好好的規劃自己的未來。

我知道世界上有各式各樣的工作，
也知道自己什麼時候比較開心，
做什麼事情比較得心應手。
我打算凡事都
積極面對，珍惜與
所有人相遇的緣分，
與所有事相遇的機緣。
朋友很重要，
但也要認真思考
自己的生活方式，
不能隨波逐流。
不安感不會消失，
未來大概還是會
有失敗的時候。
沒關係，
就算跌倒，
只要再
站起來就好了。
我的人生想必還有
很多很多開心的事
在未來等著我。

認識世界與自己，啟動未來無限可能

大人在孩子們眼中是很遙遠的存在。大人又要工作、又要做家事、（相較於小孩子）又有很多錢，所以孩子們很容易認為「大人跟我們是不同的生物，他們無所不知，也沒有什麼煩惱」。然而，當自己實際長大成人，就會知道大人並沒有多麼了不起。只是看起來很厲害，內心深處的心情或感覺跟小時候並沒有太大的差別。

本書從「工作」的角度切入，閱讀後可以預習接下來的人生可能會遇到的各種問題。在閱讀的過程中可以了解「大人也有很多不明白的事，也有許許多多的煩惱」。

沒錯，大人跟小孩一樣，都得學習不明白的事，即使煩惱也得做出決定，從而一步步的成長，只是大人比小孩多了一點經驗。只要了解到這一點，應該會覺得大人與小孩的距離不再那麼遙遠。所有的大人都曾經是小孩子，所以是不是也更容易與大人討論「你小時候希望將來從事什麼行業？」「你為什麼會選擇現在的工作？」的問題了。

本書除了小學高年級的學生、國高中生及大學生可以閱讀，也希望已經出社會的人都能看一看。「工作」對許多人而言都是很重要的課題，是需要一直關心的事，本書的內容可以給各年齡層的人帶來啟發與學習的機會。

由於本書擁有相當大量的資訊及用心，十多歲的人看了這本書，可能無法完全理解全部的內容。但是那樣也沒關係，只要牢牢記住當時理解到、感受到的一切就行了。

如果你目前處於十五歲到二十五歲之間，想認真思考自己的未來時再回頭看，應該可以比第一次看的時候更理解這本書的內容。但願到時候這本書能幫助各位整理自己的思緒，從背後推各位一把。

當各位出社會一段時間，對自己的工作及生活方式開始產生煩惱或迷惘時，也希望大家能再回頭看這本書。**相信這本書到時候能讓你想起，因為每天都忙得不可開交而忘記的重要事項，賦予各位邁向嶄新人生道路的原動力**。

等到工作穩定下來，生活也趨於安定的時候，如果再回頭看這本書，或許能幫你回顧自己這一路走來的人生，或許能賦予你「想挑戰新事物」的勇氣。煩惱的時候、想得到活力的時候、閒著沒事的時候，都可以把這本書從書架上拿出來翻閱。如果能像這樣把這本書放在你手邊，身為製作這本書的人，無疑是意外的驚喜。

但願今後要出社會的年輕人、打算認真面對工作的大人，都能保持自我風格的工作，活得更加幸福。

二〇二〇年一月

編輯部敬上

翻轉學　翻轉學系列 096

我們為什麼要讀書？為什麼要工作？

なぜ僕らは働くのか-君が幸せになるために考えてほしい大切なこと

監　　　修　池上彰
漫　　　畫　佳奈
插　　　畫　モドロカ
譯　　　者　賴惠鈴
責任編輯　陳鳳如
封面設計　張天薪
內文排版　李京蓉
童書行銷　張惠屏・侯宜廷・林佩琪・張怡潔

出版發行　采實文化事業股份有限公司
業務發行　張世明・林踏欣・林坤蓉・王貞玉
國際版權　鄒欣穎・施維真・王盈潔
印務採購　曾玉霞・謝素琴
會計行政　許俽瑀・李韶婉・張婕莛
法律顧問　第一國際法律事務所　余淑杏律師
電子信箱　acme@acmebook.com.tw
采實官網　www.acmebook.com.tw
采實臉書　www.facebook.com/acmebook01
采實童書粉絲團　https://www.facebook.com/acmestory/

ISBN　978-986-507-957-4
定　　價　580元
初版一刷　2022年10月
劃撥帳號　50148859
劃撥戶名　采實文化事業股份有限公司
104 台北市中山區南京東路二段 95號 9樓
電話：02-2511-9798　傳真：02-2571-3298

國家圖書館出版品預行編目(CIP)資料

我們為什麼要讀書?為什麼要工作?/池上彰監修；佳奈繪；賴惠鈴譯. -- 初版. -- 臺北市：采實文化事業股份有限公司, 2022.10
224面；17X23公分. -- (翻轉學系列；96)
譯自：なぜ僕らは働くのか
ISBN 978-986-507-957-4(平裝)
1.CST: 生涯規劃 2.CST: 職場成功法
192.1　　111012059

線上讀者回函

立即掃描 QR Code 或輸入下方網址，連結采實文化線上讀者回函，未來會不定期寄送書訊、活動消息，並有機會免費參加抽獎活動。

https://bit.ly/37oKZEa

采實出版集團
ACME PUBLISHING GROUP